W0344318

Das Geld des Königs

Jean-Baptiste Colbert

Friedrich Sieburg

Das Geld des Königs

Eine Studie über Colbert

Mit zahlreichen zeitgeschichtlichen Abbildungen

Deutsche Verlags-Anstalt Stuttgart

© 1974 Deutsche Verlags-Anstalt GmbH, Stuttgart
Gesetzt aus der Monophoto-Baskerville-Antiqua
Buchgestaltung: Edgar Dambacher
Gesamtherstellung: Deutsche Verlags-Anstalt GmbH, Stuttgart
Printed in Germany
ISBN 3 421 01673 9

Inhalt

Das große Jahrhundert

In seiner Geschichte begeht ein Volk seine eigentliche Begegnung mit sich selbst; in ihr erkennt es die Elemente, die es zu einem Wesen gemacht und ihm das Bewußtsein von seiner unverwechselbaren Art verliehen haben. Je glücklicher die Geschichte eines Volkes ist, um so klarer treten die Umrisse der Vergangenheit hervor und rücken zu Epochen zusammen, die als klassisch gelten und so stark in die Gegenwart eingelassen sind, daß sie nicht als vergänglich, ja kaum als Vergangenheit empfunden werden. Kaum eine andere Nation, am wenigsten wir Deutschen, lebt so intensiv mit seiner Geschichte und zieht aus ihr so viel Selbstgefühl wie die französische. Die Selbststilisierung, die Frankreich in so glückhafter Art mit seinem Wesen vollzogen hat, geht von Höhepunkten aus, deren strahlendster nach Voltaires Ausdruck „Das große Jahrhundert", also die Zeit Ludwigs XIV., ist. In der Regierungszeit dieses Königs, der später der Sonnenkönig genannt wurde, erblickt Frankreich den Gipfel und den schönsten Ausdruck seiner nationalen Möglichkeit; es verehrt in dieser Epoche die vollkommenste Harmonie zwischen politischer und kultureller Macht.

So entsteht ein wahrhaft klassisches Bild, das aber für uns erst an Leben gewinnt, wenn wir die Leidenschaften, Leistungen und Schwächen seiner Menschen kennenlernen. Der König war kein Gott, obwohl sein Wille eine fast göttliche Unwiderstehlichkeit besaß. Aber wer half ihm, das Land zu regieren und die Lebensbedingungen der Untertanen zu gestalten? Denn auch der größte Herrscher der Vergangenheit entgeht nicht dem Schicksal, daß seine Erscheinung in Regierungshandlungen, Pläne, Anordnungen und Akten zerlegt wird. Niemand hat je Lust gehabt, die Herrschergaben des Sonnenkönigs zu bestreiten, aber es ist eine Figur, die unsere Einbildungskraft nicht mehr ohne weiteres anspricht. Man muß schon auf seine Diener, Werkzeuge und Geschöpfe zurückgreifen, um ihn als Mittelpunkt einer lebenden und ihn ständig verwandelnden Welt zu begreifen. Von ihm selbst geht eine Kälte aus, die wir in den großen Schöpfungen seiner Zeit immer noch zu fühlen glauben. Die aberwitzigen Übertreibungen seines Hoflebens und der von ihm beanspruchten Etikette, seine Verschwendung öffentlicher Mittel, die ja alle als „das Geld des Königs" galten, und sein Bauwahn erscheinen uns wohl konsequent, aber unmenschlich. Seine

Ludwig XIV. als Kind

Ludwig XIV.

Marquise de Maintenon

Marquise de Montespan

Herrschaft hat viel Unglück über Europa gebracht und auch dem eigenen Lande mehr aufgebürdet, als es leisten konnte. Er hat über ein halbes Jahrhundert regiert, aber fast unaufhörlich Kriege geführt, die nahezu alle überflüssig waren. Seine unmittelbare Hinterlassenschaft war Erschöpfung, war Zerrüttung. Trotzdem hat er Frankreich für dauernd geprägt und ihm einen Stil gegeben, dessen Wirkungen durch keine Umwälzung aus der Welt geschafft worden sind. „Unter ihm hat Frankreich sich selbst kennengelernt", sagte Bossuet. Das will heißen, daß Frankreich durch ihn das Bewußtsein seiner selbst erlangt hat und sich seitdem als Person empfindet.
Es ist bemerkenswert, daß von diesem König, der rastlos Kriege geführt und seine Heere immer wieder in fremde Länder gesandt hat, soviel Ruhe und Stabilität ausgeht. Jener jugendlich abenteuernde Zug, der dem anderen Eroberer, Napoleon, noch in seinen reifen Jahren anhaftete, fehlt ihm vollständig. Wir begreifen, daß hier jemand am Werke ist, der gar nicht in die Ferne langen und

sich keine neuen Horizonte öffnen will, sondern immer im festen Mittelpunkt seiner Staatsidee bleibt, der er alles unterwirft, das Recht wie die Menschlichkeit. Ludwig konnte kein Rechtsgefühl im modernen Sinne haben, da der „Ruhm des Königs“ eine verbindliche Realität war und in seinem Denken – aber auch in dem seiner Diener und Untertanen – alles rechtfertigte. Er trieb mit der gleichen Überzeugung politische und militärische Expansion, wie er der Zeit ihren kulturellen Stil gab. Was wir Humanität nennen und an einem gro-

Ballettvorführung am Hof mit Elefanten und Dromedaren

ßen Mann zu sehen wünschen, war in seiner Welt nur in Form von „guten Sitten“ zu gewahren. Seine Despotie wurde in den Augen seiner Zeitgenossen durch die Vorbildlichkeit seiner Umgangsformen gemildert und sogar anziehend. Die Gewohnheiten der guten Gesellschaft, die er prägte und herrisch lenkte, waren für seine Zeit oberstes Gesetz. Er steigerte die Geltung der guten Manieren zur Macht eines religiösen Gebots.

Versailles ist zum Symbol des königlichen Absolutismus geworden und hat als höchstes Beispiel repräsentativen Bauens, nach dem alle Despoten streben, noch heute seine Wirkung nicht verloren. Aber diese Entfaltung hat ihre Kehrseite. Bauen kostet Geld und bewegt sich immer am Rande der Gefahr, daß die Repräsentation das, was an Vermögen und Macht da ist, übersteigt und zum Selbstzweck wird. Mit dieser Gefahr zu ringen, ist die Aufgabe der Verwaltung. Das Geld des Königs, also die Staatseinnahmen, muß ständig an den Bedürfnissen eines großen Reiches gemessen werden. Das heißt für den, der mit dieser Aufgabe betraut ist, in der Hölle leben.

Von dem großen Jahrhundert gewahrt man Versailles, in dessen herrlichem Park Ludwig XIV., mit Diamanten bedeckt, in farbenrauschender Kleidung auf hohen, roten Absätzen zwischen den Wasserkünsten und marmornen Göttinnen einherstolziert. Aber niemand bemerkt den mißgelaunten, unscheinbaren Mann, der in irgendeinem Seitenflügel des Schlosses in einem zugigen Zimmerchen sitzt und, ohne seine düsteren Brauen zu erheben, schon seit dem frühen Morgen schreibt. Er schreibt auf jedes freie Stück Papier, das sich gerade findet oder das er von den eingelaufenen Briefen und Berichten abgeschnitten hat. Er füllt die Bogen ohne Rand, ohne Absatz mit seiner „gedrängten und strengen Schrift“, und wenn er etwas hinzuzufügen oder einzuschieben hat, dann klebt er einen Zettel säuberlich an den Bogen. Und was da die Seiten füllt, das sind Tatsachen und Zahlen, Zahlen. Jean-Baptiste Colbert, Generalkontrolleur der Finanzen, vereinigt so gut wie alle Ministerien des Königs, außer dem des Krieges und des Auswärtigen, in seiner Hand. Die Anzahl seiner Mitarbeiter ist gering, so wird die Verwaltung der Marine von nicht mehr als acht „Commis“ besorgt. Das, was man noch heute in Versailles als die Ministerflügel bezeichnet, sind zwei einstöckige Anbauten, mit denen kaum die Museumsdiener vorliebnehmen würden. Zu Colberts Zeiten war in ihnen die gesamte Verwaltung des Königrei-

Ludwig XIV. als Feldherr

ches untergebracht, also vor allem die Dienststellen des Herrn Generalkontrolleurs der Finanzen, der hier unermüdlich von morgens fünf Uhr bis spät in die Nacht die Feder führte, während sein königlicher Herr in der stolzen Weiträumigkeit des Parks und Palastes seine königlichen Launen entfaltete. Da saß dann dieser größte aller französischen Finanzminister und Wirtschaftslenker, stellte Steuerstatistiken auf, trieb seine Beamten an, machte Vorschläge zur Verbesserung der Erzeugnisse, zur Verbilligung der Arbeit, zur Schaffung neuer Industrien, zur Erschließung neuer Absatzmärkte und vor allem zur Hebung der königlichen Einnahmen. Und immer wieder, wie ein halb grämliches, halb drohendes Leitmotiv, die Mahnung an den König, sparsam zu sein, das mühsam erreichte Budgetgleichgewicht nicht zu gefährden und – später – das unaufhaltsam zum Abgrund rollende Defizit nicht noch mutwillig zu vergrößern. Und doch haben die Zeugnisse der königlichen Verschwendung die Jahrhunderte überlebt, während von Colberts Lebenswerk nur wenig im allgemeinen Bewußtsein geblieben ist.

Medaillon für Ludwig XIV.

Dienst am Staate

Zu Unrecht, denn die Lebensarbeit dieses Mannes wurde von Grundsätzen und Ideen gelenkt, die eine erstaunliche Lebenskraft bewiesen haben und die uns heute wieder beschäftigen, weil sie darauf abzielten, das gesamte wirtschaftliche Leben des Landes dem Staat dienstbar zu machen und es ausschließlich auf den Staat auszurichten. Colbert trieb diese Politik mit einer geradezu wütenden Leidenschaft, die sich in einer wahren Arbeitsraserei ausdrückte, aber auch mit großem Wirklichkeitssinn, der immer nach dem fragte, „was geht und was nicht geht", und vor der Beschäftigung mit den Einzelheiten, die eigentlich Sache der Fachleute gewesen wären, nicht zurückschreckte. Wie sollte uns dieser unermüdlich gepredigte Dienst am Staate, der den „Colbertismus" beseelt, nicht modern anmuten? Und doch leiden alle Vergleiche daran, daß sein und unser Staat zwei völlig verschiedene Dinge sind. „Der Staat, das bin ich!" Ludwig XIV. hat dieses berühmte Wort zwar nie ausgesprochen, aber Colbert könnte es ihm in den Mund gelegt haben, so genau umschreibt es die Staatsauffassung, die der „Generalkontrolleur der königlichen Finanzen" seinem volkswirtschaftlichen Denken zugrunde legt. Der Staat besteht in der Person des Herrschers, die öffentlichen Mittel gehören ihm, genau wie ihm, so wünscht es sich Colbert, die Arbeitskraft jedes einzelnen Franzosen gehören soll. Das Volk kommt in seinem Denken überhaupt nicht vor. Gewiß, der Volksbegriff ist neueren Ursprungs, und für das absolutistische Zeitalter war die Gleichsetzung von Staat und Person des Souveräns durchaus natürlich. Das Entscheidende ist jedoch, daß der König sich nicht dem Volke, sondern Gott verpflichtet fühlte. Aber selbst diese Verpflichtung, die eine sehr hohe hätte sein können, wurde nicht mehr offen bekannt. Schließlich blieb die prahlerische und doch so blasse Formel vom „Ruhm

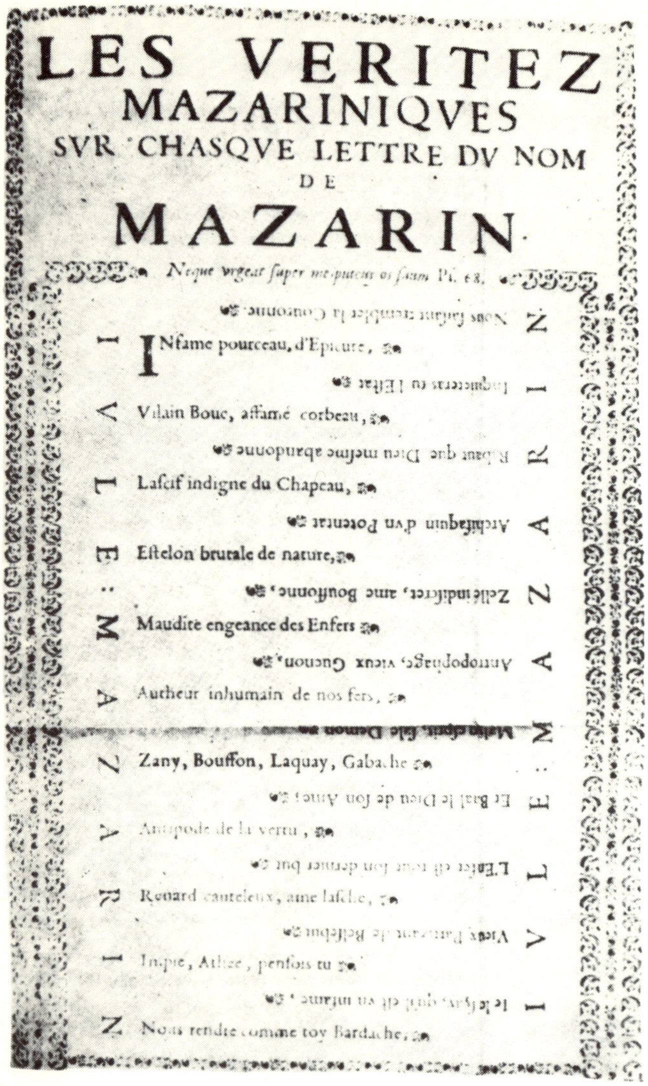
LES VERITEZ MAZARINIQVES SVR CHASQVE LETTRE DV NOM DE MAZARIN

Neque vrgeat super me puteus os suum Ps. 68.

INfame pourceau, d'Epicure,

Vilain Bouc, affamé corbeau,

Lascif indigne du Chapeau,

Estelon brutale de nature,

Maudite engeance des Enfers

Autheur inhumain de nos fers,

Zany, Bouffon, Laquay, Gabache

Renard cauteleux, ame lasche,

Nous rendre comme toy Bardache,

Flugblatt gegen Mazarin

des Königs“, dem alle zu dienen haben. Im „Ruhm“ war die Verpflichtung an Gott zwar noch enthalten, aber nur noch als unhörbarer Unterton, und schließlich deckte der „Ruhm“ alle Ausschreitungen des Absolutismus. „Tun Sie alles, was meinem Ruhme dienen kann“, schreibt antreibend der König seinem Minister, wenn er neue Geldquellen braucht. Und dieser schreibt bei einer ähnlichen Gelegenheit verzweifelt zurück: „Sire, Ihr Ruhm wird mehr nach dem Wohlstand des Landes als nach dem Ausmaß von Versailles beurteilt werden.“ Das

Kardinal Mazarin

klingt ebenso ernst wie vernünftig, hat sich aber schließlich doch als falsch erwiesen.

Als Kardinal Mazarin im Jahre 1661 starb – er tat es höchst ungern, obwohl Frankreich es kaum erwarten konnte und seine Nichte Maria bei der Todesnachricht erleichtert ausrief: „Gott sei Dank, er ist verreckt!“ –, da war der zweiundvierzigjährige Colbert seit genau zehn Jahren im Dienste des Kardinals, der ihn je nach Laune als seinen „Domestique“ oder seinen „Commis“ bezeich-

Mazarin in seinem Kabinett

nete. In Wirklichkeit war Colbert der Geschäftsführer des mächtigen Premierministers, der, habsüchtig und verschwenderisch zugleich, an der Spitze des Staates zu einem der reichsten Männer Europas geworden war. Und da der Kardinal immer zugleich für den König und für die eigene Tasche arbeitete, so wurde sein Vermögensverwalter schnell auch ein Kenner der Staatsfinanzen. Der Kardinal spekuliert, verschuldet sich, häuft auf, verliert und gewinnt, kauft und verkauft alles. Seidenspinnereien, Herzogtümer, Ämter, Teppichwebereien, Edelsteine, Kunstwerke, Viehherden, Abteien, Truppenteile, Möbel und Schoßhunde. Alles das geht durch Colberts Hände, der keine Miene verzieht und über alles umständlich mit seinem Herrn korrespondiert, sei es nun über die Möglichkeit, das widerspenstige Parlament zu verbannen, oder über den Preis, zu dem das Amt einer Wäscherin im königlichen Haushalt ausgeboten werden soll. Bei all diesen Operationen denkt Colbert stets auch an seinen eigenen Nutzen, und obwohl sein ganzes Leben nur aus Arbeit besteht und er nur ein Vergnügen kennt, nämlich „von einer schwereren zu einer leichteren Arbeit überzugehen",

Das Schloß Colberts

Marche du Roy accompagné de ses gardes paßant sur le pont neuf et allant au Palais.

Iter Regis ad palatium prosiciscentis et pontem nouum cum comitatu transeuntis.

Einzug Ludwigs XIV. in Paris

so ist seine Sucht, sich zu bereichern, doch völlig im Stil dieses zuchtlosen Zeitalters. Die Gewohnheit, bei allen Amtshandlungen auch seinen eigenen Vorteil zu berücksichtigen, behält er im Dienste des Königs bei, so daß er schließlich als einer der reichsten Männer seines Landes stirbt. Damit nicht genug, ist er sein ganzes Leben darauf bedacht, seine Familie zu fördern. Er ruht nicht eher, als bis sein Bruder an die Stelle des Außenministers Arnauld de Pomponne tritt; sein Onkel wird Präsident des Ausschusses für die Gesetzesreform, seine übrigen Brüder werden Bischof und General, sein Neffe Desmaretz wird sogar einmal sein Nachfolger als Finanzminister sein, sein ältester Sohn wird Marquis de Seignelay und als solcher sein Nachfolger an der Spitze des Marineministeriums, sein zweiter Sohn wird Graf und Erzbischof von Reims, der jüngste schließlich folgt ihm als „Oberintendant der Bauten", seine drei Töchter heiraten die stolzesten Herzöge des Königreichs. Aber so rücksichtslos, ja schamlos die Methoden Colberts bei der Wahrung seiner persönlichen Vorteile auch sind, so beeinträchtigen sie doch nie den Wert seiner Leistung. Er nimmt gewissermaßen nur, was abfällt. Und auch die Verwandten, die er fördert, werden fast alle ausgezeichnete Staatsdiener.

Ludwig XIV. als römischer Imperator

Generalkontrolleur der Finanzen

Der Tod Mazarins machte der Einrichtung des Premierministers ein Ende. Ludwig XIV. rief die führenden Männer des Staates zusammen und gab ihnen jene berühmte Erklärung ab, durch die er sich zum Selbstherrscher machte. Er sagte darin: „Jetzt ist es Zeit, daß ich herrsche. Sie werden mich mit Ihrem Rat unterstützen, wenn ich Sie darum ersuche.“ Und zu dem Oberintendant der Finanzen, Fouquet, gewandt, fügte er hinzu: „Ich bitte Sie, sich Herrn Colberts zu bedienen, den mir der Herr Kardinal empfohlen hat.“ Man kennt das Ende dieses prunkvollen Finanzmannes, der genauso zum „großen Jahrhundert“ gehört wie der König, denn sein berühmtes Schloß Vaux le Vicomte und das darin entfaltete künstlerische und gesellschaftliche Leben waren gleichsam das Vorspiel zu Versailles. Es ist auch kein Zufall, daß Louis XIV. seinen Entschluß, Fouquet zu vernichten, bei einem allzu prunkvollen Feste faßte, das der Oberintendant seinem Herrn in diesem Schloß gab. Der Finanzmann war zu mächtig geworden. Daß er, der Kapitalist Fouquet, dem Finanzminister Fouquet zu hohen Zinsen Geld lieh, hätte allenfalls noch hingehen können, da tatsächlich schwer zu entscheiden war, inwieweit er von der allgemeinen Unordnung im Staate nur profitierte und inwieweit er sie vergrößerte, ja verursachte. Die Vermischung von persönlichem Vermögen und Staatskasse war zwar bedenklich, aber nicht gänzlich ungewöhnlich, wie Mazarins erlauchtes Beispiel zeigte. Aber Fouquet kam über seinen politischen Ehrgeiz zu Fall. Er nährte das Gerücht, daß er im Begriff sei, sich zu einer ähnlichen Machtstellung aufzuschwingen, wie der Kardinal sie innegehabt hatte, und die fremden Botschafter teilten diese voraussichtliche Wendung der Dinge am französischen Hof bereits ihren Regierungen mit. Der König, dessen anfänglicher Regierungseifer keineswegs erlahmt

Nicolas Fouquet

war, wie mancher prophezeit hatte, wurde mißtrauisch, und in die Lücke dieses Mißtrauens strömten die Aufklärungen ein, die Colbert gab. Dieser hatte schon zu Mazarins Lebzeiten einen riesigen Geheimbericht über die Frage geliefert, „wie es zu der gänzlichen Zerrüttung der Finanzen des Königs gekommen" sei. Jetzt machte er den Herrscher fast täglich auf neue Übergriffe des Oberintendanten aufmerksam, legte gewaltige Akten mit Belastungsmaterial an, wies die Notwendigkeit, ihn zu entfernen, immer dringender nach, bereitete alles bis ins kleinste vor und machte dabei sogar eine Aufstellung darüber, was die Gefangensetzung Fouquets kosten und wieviel Fahrzeuge zu seinem Abtransport notwendig sein würden. Kaum war der Finanzmann ins Gefängnis gebracht, wo er nach neunzehnjähriger Haft sterben sollte, als der König die Regierung umbildete und den Ministerrat auf drei Minister beschränkte, nämlich Le Tellier (dem später sein Sohn Louvois folgte) für den Krieg, Lionne für die Außenpoli-

Michel Le Tellier

Michel-François Le Tellier, Marquis de Louvois

tik und Colbert als Nachfolger Fouquets für die Finanzen. Aber der König gab ihm bald eine neue Amtsbezeichnung; er hieß der Generalkontrolleur der Finanzen und brachte in dieser Eigenschaft nach und nach die meisten Staatsämter, die öffentlichen Arbeiten, die innere Verwaltung, die Justiz, die Marine, den Handel und sogar die schönen Künste unter seine Leitung. Zu früher Stunde erschien nun der griesgrämige und humorlose Mann beim König zum Vortrag, immer mit der gleichen Aktenmappe aus schwarzem Samt unter dem Arm. Aber dieser Mappe entstiegen über zwanzig Jahre die zahllosen Versuche, Frankreichs Wirtschaft autark zu machen und einen geordneten Staatshaushaltsplan durchzuführen. Beide Grundideen des „Colbertismus“ scheiterten an der prahlerischen Außenpolitik des Königs, die zu kostspieligen Kriegen führte, am französischen Volkscharakter, der die straffe Reglementierung des Erwerbslebens nicht ertrug, und schließlich an der Verschwendung des Hofes, der seine

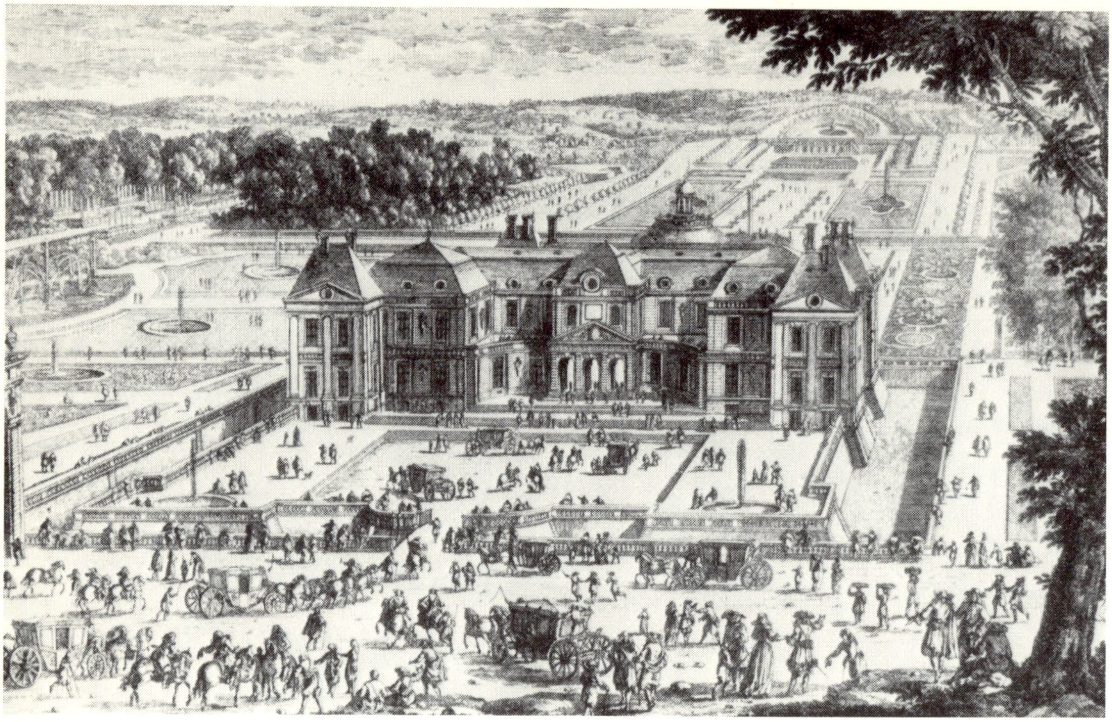

Vaux le Vicomte, das Schloß von Fouquet

kostspieligen Vergnügungen mit einem gewissen Recht als eine wesentliche Funktion der absoluten Monarchie betrachtete und daher bei der Verschleuderung öffentlicher Mittel keine Skrupel empfand.

Die Tätigkeit dieses Mannes war so umfassend, seine Gabe, sich in jedes Gebiet schnell und unabhängig von Referenten einzuarbeiten, so gewaltig, seine Rücksichtslosigkeit, wenn es den „Willen des Königs", in Wirklichkeit seinen eigenen, durchzusetzen galt, so ungehemmt, daß er in gewissen Augenblicken wie ein Diktator zu herrschen schien. In Wirklichkeit war er nur allzu häufig das Opfer seiner Terminologie, die alle seine Pläne dem König unterschob. Denn dieser war ein sehr großer Herr, er wußte sich durch Colbert gut bedient, aber er ließ sich von ihm durchaus nicht gängeln. Seine Majestät verstand die Kunst, die Minister ohne Antwort zu lassen oder ihrem Drängen mit eisigem Schweigen zu begegnen. Colbert war oft in Verzweiflung, er fühlte wohl, daß sein Herr zwar

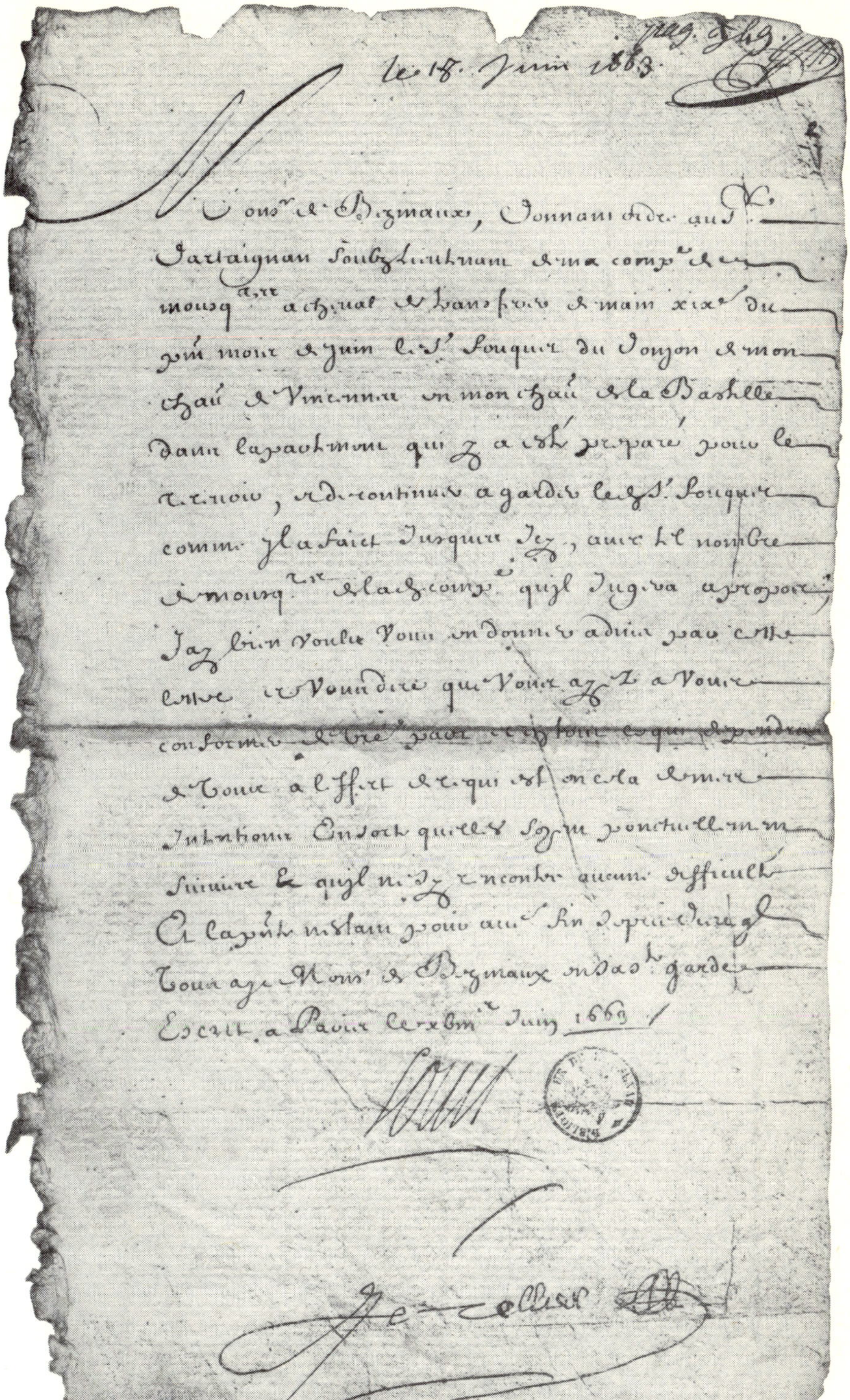

le 18. Juin 1663

Mons.r de Bezmaux, Donnant ordre au S.r
Dartaignan soubzlieutenant de ma comp.e de
mousq.res a cheval de transferer demain xix.e du
pnt mois de Juin le S.r Fouquet du Donjon de mon
chau de Vincennes en mon chau de la Bastille
dans lappartement qui y a esté preparé pour le
recevoir, et de continuer a garder led. S.r Fouquet
comme il a faict jusques icy, avec tel nombre
de mousq.res de lad. comp.e qu'il jugera a propos,
Jay bien voulu vous en donner advis par cette
lettre et vous dire que vous ayez a vous
conformer a ce que led. S.r Dartaignan desirera
de vous a l'effet de ce qui est en cela de mes
intentions En sorte qu'elles soyent ponctuellement
suivies et qu'il n'y rencontre aucune difficulté
Et la presente n'estant pour autre fin Je prie Dieu qu'il
vous ayt Mons.r de Bezmaux en sa s.te garde
Escrit a Paris le xviij.e Juin 1663

Louis

Le Tellier

Schreiben Ludwigs XIV. an d'Artagnan, Fouquet betreffend

ein großer König, aber ein noch größerer Egoist und keineswegs der königliche Hausvater war, als der ein Heinrich IV. noch heute in der französischen Vorstellung lebt. Dabei war es Colbert durchaus ernst mit seinem Programm, daß die Wirtschaft im „Dienst der königlichen Größe“ zu stehen habe. Eine Art Mystik des Königtums waltete in diesem nüchternen Rechner, wenn er an das Ende seines großen Industrieberichtes von 1669, der eine Aufstellung über die neugeschaffenen Manufakturen gab, wie berauscht die Worte hinschrieb: „Grandeur et munificence!“ Auch in der Wirtschaft sollte es „majestätisch“ zugehen, so majestätisch, wie die Gärten von Versailles angelegt waren, das heißt also übersichtlich, großräumig, klar und geordnet. Hinter dem, was uns wie Höflingsphrasen anmutet, stand ein ganz eindeutiger Ordnungsbegriff. Colbert verstand die Majestät so, daß es eines Königs nicht würdig sei, ohne Plan zu handeln und ohne Plan auszugeben. Die Ausschreitungen des Hofes und die Schwächen des Königs dürfen nicht vergessen machen, daß die Leistungen des „großen Jahrhunderts“ eine Regelhaftigkeit enthielten, die um den König als Mittelpunkt geordnet war. Der König war das Maß jeder Ordnung, auch der wirtschaftlichen. Um so eindrucksvoller ist es, daß die Ordnung, die unter so vielen Opfern und mit so großen Leistungen angestrebt wurde, immer wieder an der Person des Herrschers zerbrach.

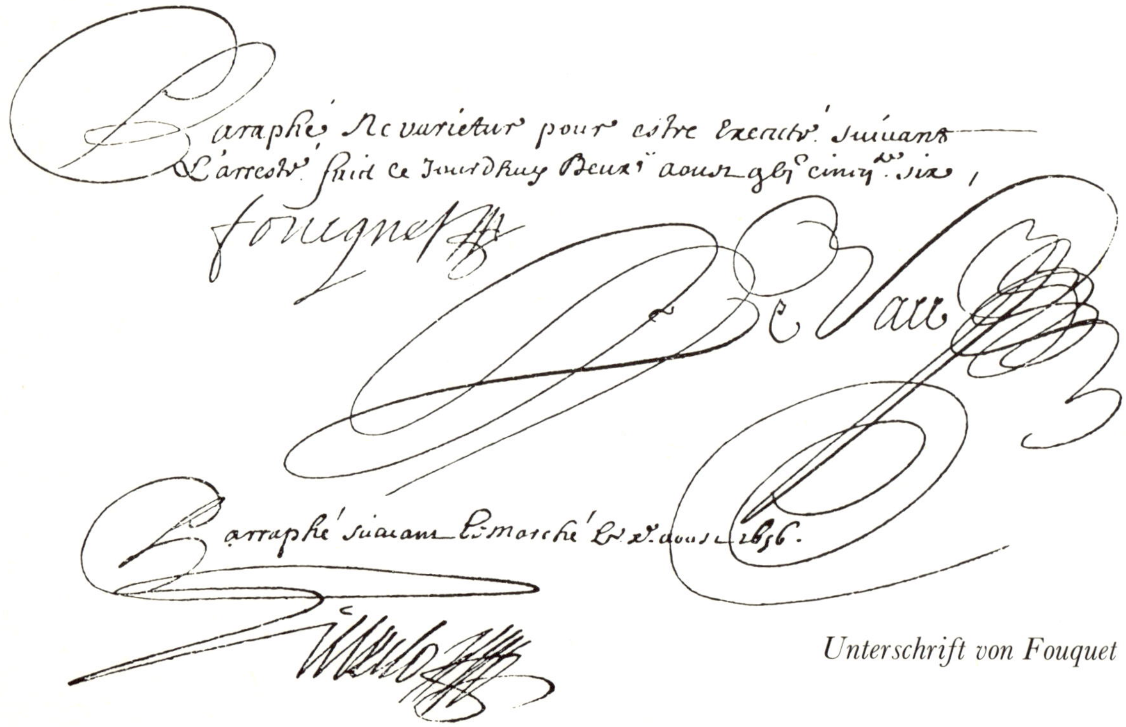

Unterschrift von Fouquet

Der „Colbertismus“

Es wäre sicher möglich, aus der überaus umfangreichen Korrespondenz Colberts – denn er arbeitete mit der Feder in der Hand – feste Grundgedanken, wenn nicht gar ein volkswirtschaftliches System herauszuziehen. Aber man würde dabei wohl auch entdecken, daß dieser eigensinnigste aller Staatsmänner unaufhörlich gezwungen war, gegen seine teuersten Prinzipien zu handeln. Sein oberster Grundsatz ist, daß die Macht des Königreiches sich an seinem Reichtum mißt, und zwar an seiner Geldfülle. Gleichzeitig ist ihm aber auch klar, daß der Reichtum, der vornehmlich aus dem Handel mit fremden Waren stammt, zum Niedergang führt, wie das Beispiel Venedigs zeigt, es sei denn, eine solche Macht verstehe es, sich Kolonien zu schaffen wie das rapide aufsteigende Holland, dessen wachsende Prosperität er mit einem fast persönlich gefärbten Haß verfolgt. Er glaubt an ein konstantes Geldvolumen in Europa, allerdings „von Zeit zu Zeit vermehrt durch das, was aus Ostindien kommt“. Auch das Handelsvolumen ist unveränderlich, freilich – so fügt er nachdenklich hinzu – unter der Voraussetzung, daß die Bevölkerung nicht zunimmt, daß ihr Verbrauch nicht wächst und daß keine neuen Länder erschlossen werden. Gleichzeitig aber richtet er seine ganze Energie darauf, die Volkszahl zu heben, ihren Lebensstand zu steigern und die überseeische Ausdehnung Frankreichs voranzutreiben. Die starre Statik seines Weltwirtschaftsbildes, die sich in dem einen Satz erschöpfen läßt, daß das eine Land verlieren muß, was das andere gewinnt, wird eben durch die Ahnung erschüttert, wessen ein souverän gehandhabtes Kreditwesen und ein ungehemmter Welthandel einmal fähig sein könnten. Vorläufig aber hält er an seinem Glauben fest, daß der Staat seine Geldmenge mindestens konstant halten, also niemals durch Belastung seiner Zahlungsbilanz verringern dürfe. Sein Ziel ist die „Vergrößerung des Reichtums durch Handel". Da aber das, was hier einströmt, anderswo fehlen muß, so „haben Eure Majestät, seitdem Sie die Leitung Ihrer Finanzen übernommen haben, einen Geldkrieg gegen alle Staaten Europas unternommen" – womit Colbert selbstverständlich nicht die Politik des Königs, sondern seine eigene umschreibt. Es gilt also, kein Geld aus dem Lande zu lassen, sondern im Gegenteil das fremde Geld anzuziehen. Dazu ist es nötig, daß Frankreich die Waren, die es bisher einführte, selbst herstellt und schließlich in solcher Güte herstellt, daß andere Staaten sie nicht entbehren können.

Aus diesen sehr einfachen Grundsätzen ergibt sich das gesamte Lebenswerk Colberts. Ihre Verwirklichung zwingt ihn nach und nach zu einer Lenkung der französischen Wirtschaft, die keinen noch so unbedeutenden Zweig der menschlichen Tätigkeit sich selbst überlassen darf und das gesamte Leben des Landes mit einem dichtmaschigen Netz von Reglementierungen, Vorschriften und Eingriffen überzieht. Es genügt nicht, Handelskriege zu führen, Industrien zu gründen, eine Flotte zu schaffen und Rohstoffgebiete zu gewinnen, nein, der Staat muß auch das gesamte Berufsleben reorganisieren, die innere Verwaltung umschaffen, sich um jede Einzelheiten des Wirtschaftslebens kümmern und so, von Detail zu Detail hinabsteigend, für die geringfügigste menschliche Tätigkeit lenkend und verantwortlich werden.

Die wichtigste Voraussetzung, die zu erfüllen ist, bleibt freilich noch auf lange Zeit hinaus die Ordnung der öffentlichen Finanzen. Und da ist gleich zu sagen, daß es diesem französischen Finanzminister ebensowenig wie einem seiner Nachfolger gelungen ist, die Aufgabe zu lösen. Ihm glückte wohl eine vorübergehende Klärung und Besserung der Lage, aber den finanziellen Bankrott des Königtums konnte auch er nicht aufhalten. Aber es fragt sich, ob es überhaupt die Rolle eines Ministers vom Stile Colberts war, eine solche Aufgabe zu bewältigen. Er war ja ein Verwalter, kein Anführer. Er konnte Einrichtungen und Methoden schaffen, aber es war ihm nicht gegeben, das Schicksal zu gestalten. In der Methode freilich ist er bahnbrechend, denn es gelingt ihm, das Budget in die Gewohnheiten der Staatsführung einzuführen und die öffentliche Finanzgebarung an den Voranschlag zu binden. Vor allem darf künftig nur noch der König Anweisungen auf den Staatsschatz ausstellen, außerdem erhält der König für seinen

Dessiné par Chasselat — Gravé par Lacour Lestudier.

COLBERT

Jean-Baptiste Colbert mit seiner Aktenmappe aus schwarzem Samt (Seite 25)

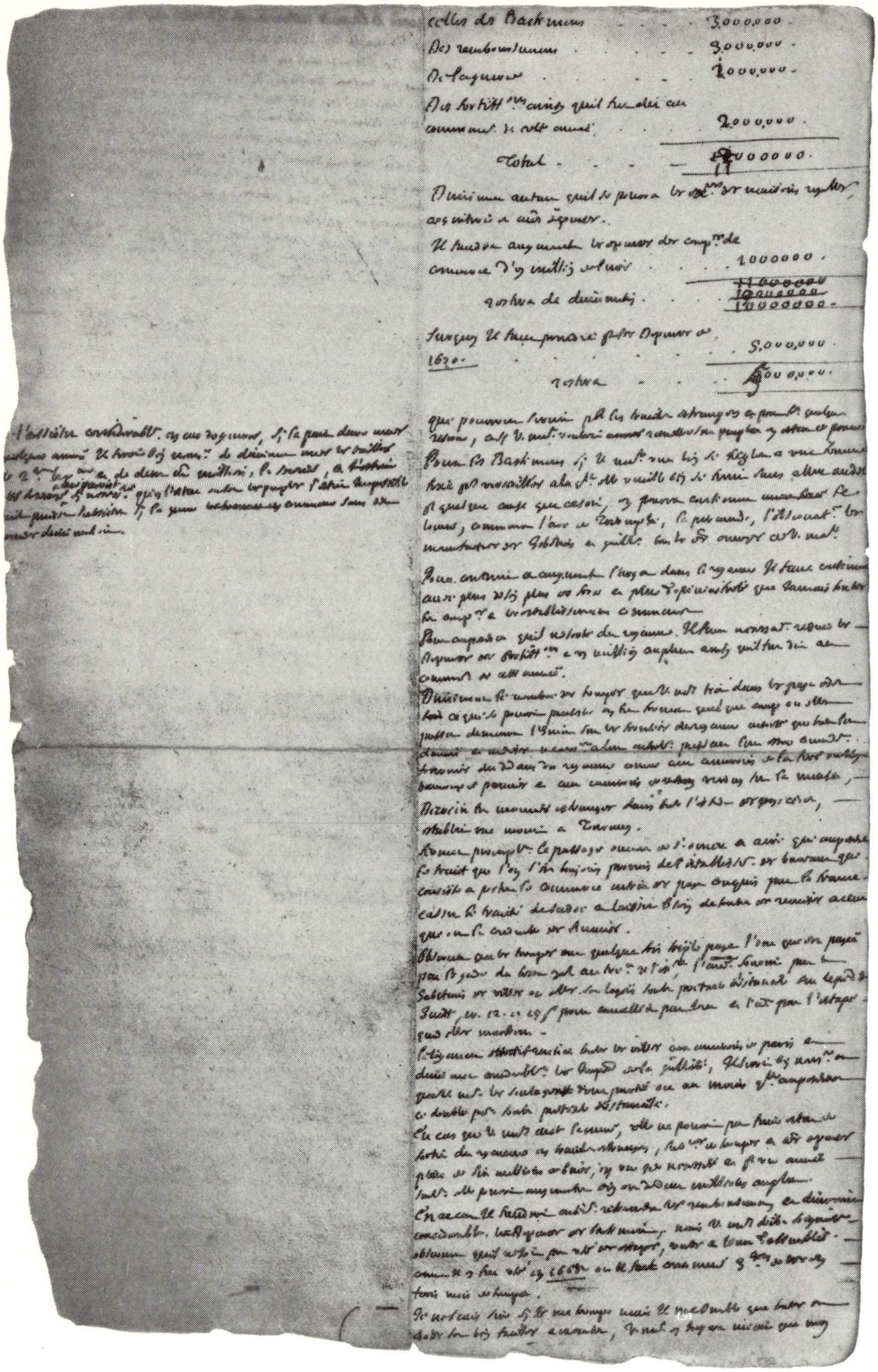

Aus einer Denkschrift Colberts an den König

persönlichen Gebrauch ein Heft, „das Seine Majestät in der Tasche tragen kann“ und aus dem der Stand der Einnahmen und Ausgaben jederzeit ersichtlich ist. Die Methode der Ausgabenbewilligung ist so angelegt, daß jeder Ausgabeposten nicht weniger als sechsmal dem König unter die Augen kommt – was die Majestät indessen nicht hindert, die Voranschläge ständig zu überschreiten. Aber der Minister hat wenigstens die Beruhigung, daß sein Herr dies in voller Kenntnis der Sachlage tut.

Colbert beginnt sein Reformwerk mit einer Säuberungsaktion, die zwar nicht originell, aber einträglich ist. Er sagt der Hochfinanz den Krieg an. Ihre Vertreter haben sich jahrzehntelang straflos bereichern dürfen, weil sie der Krone jederzeit aus der Geldverlegenheit halfen. Jetzt wird eine „Justizkammer“ eingesetzt, „um die in den Finanzen seit 1635 begangenen Unterschleife und Mißbräuche zu untersuchen“. In Wirklichkeit genügt die bloße Ankündigung schon, um die Übeltäter auf den Verhandlungsweg zu bringen. Eine Gruppe von ihnen bietet dem König zwanzig Millionen, wenn er die Verfolgung einstellt. Obwohl der Monarch ablehnt und stolz erklärt, er wolle „das Jahrhundert purgieren“, bleiben die strengen Strafen in den meisten Fällen aus. Einige Figuren zweiten Ranges müssen daran glauben, während die mächtigeren Finanzleute mit der Rückerstattung größerer Summen davonkommen. Der Reingewinn für das Schatzamt beträgt über hundert Millionen Livres (ein Livre entspricht ungefähr einem Goldfranc), wozu noch zahlreiche Werte an Grund und Boden treten.

Der nächste Schritt ist eine rücksichtslose Konvertierung der Renten. Colbert haßt die Rentner, er hält sie für Schädlinge, die sich und ihr Geld dem Produktionsprozeß entziehen. In einer seiner Konvertierungsverfügungen heißt es, daß der Besitz von Renten „als Vorwand zum Müßiggang dient und die Untertanen Seiner Majestät hindert, sich dem Handel, den Manufakturen und dem Ackerbau zu ergeben“. Nach einer Reihe von Einzeloperationen wurden Anfang 1664 alle Inhaber von Renten, die durch die Kopfsteuer und durch die Steuerpachtverträge gedeckt waren, zur Auszahlung aufgerufen, wobei die Regierung den niedrigsten Kurs wählte, den die Renten je gehabt hatten. Colbert fand diese Methode ausgezeichnet und kommentierte sie mit Bemerkungen, die bewiesen, daß die Fragen des Staatskredits, die der Alpdruck seiner Nachfolger bis auf den heutigen Tag werden sollten, ihn nicht im mindesten interessierten.

Das Apollobad im Park von Versailles

Aber zehn Jahre genügten, um ihm eine achtungsvollere Auffassung vom Rentner beizubringen, denn das Budgetdefizit von 1670 zwang ihn, den Weg der inneren Anleihen endgültig zu beschreiten, und zwar mußte der König zwischen sieben und vierzehn Prozent Zinsen zahlen, was er auch pünktlich tat. Einige Jahre später griff Colbert sogar zum ersten Male in der Geschichte Frankreichs zur Begebung von kurzfristigen Anleihen und Schatzscheinen.

Die Steuern

Auf keinem Gebiet mußte Colberts fanatischer Sinn für Ordnung grausamer leiden als auf dem der Steuern. Die Konfusion in der Veranlagung und Eintreibung war so ungeheuerlich, daß die Reform über eine Neuorganisierung der schon vorhandenen Steuern nicht hinauskam, also das eigentliche System bestehen lassen mußte. Die hauptsächlichen fiskalischen Einnahmequellen waren die Kopfsteuern, die indirekten Steuern, die Zölle und die Salzsteuer. Die erste Gruppe war je nach Provinzen an die Person des Steuerpflichtigen oder an seinen Grundbesitz gebunden, jedoch waren zahlreiche Teile der Bevölkerung, so der Klerus, der Adel, die Beamtenschaft und der gesamte Hof von ihr ausgenommen! Die Eintreibungsmethode war so verwickelt, daß noch heute die Darstellungen nahezu sämtlicher Historiker darüber auseinandergehen. Auch waren die Sätze keineswegs einheitlich für das ganze Land, sondern schwankten nach heute undurchdringlichen Gesichtspunkten von Provinz zu Provinz. Colbert versuchte nun, die Steuer ausschließlich an den Grundbesitz zu binden, sie also praktisch zu einer reinen Bauernsteuer zu machen. Zwanzig Jahre lang kämpfte er darum, daß wenigstens ein Kataster für diese Steuergruppe angelegt werde, aber nicht einmal diese Vorarbeit konnte zu Ende geführt werden. Die Sätze der indirekten Steuern, die sogenannten „aides", hauptsächlich das Holz, das Vieh, die Getränke, das Papier, verschiedene Metalle, Seefische und das Stempelpapier belastend, waren ebenfalls in den einzelnen Teilen des Königreiches verschieden hoch. Der Generalkontrolleur sah wohl ein, daß diese Steuerkategorie die anstößigste war, weil sie in allen ihren Teilen verpachtet war, und es ist später nicht mit Unrecht gesagt worden, daß die Steuerpächter die eigentlichen Totengräber der Monarchie gewesen seien. Die einzelnen Sätze für ganz Frankreich zu vereinheitlichen, gab Colbert bald auf. Gelang es ihm doch nicht einmal, für die Getränkesteuer ein einheitliches Flüssigkeitsmaß einzuführen, also etwa die Pariser Pinte auch für das übrige Königreich gültig zu machen. Auch die Zölle, die keineswegs nur an den Landesgrenzen, sondern auch von den Provinzen, den „Generalitäten" und anderen Binnenbezirken erhoben wurden, waren an Privatpersonen oder Konzerne verpachtet, die aus ihnen skandalöse Gewinne zogen und keinen Eifer zeigten, die Zollarten zu verringern oder ihre Eintreibungsmethoden übersichtlicher und gerechter zu machen. Auf kaum eine Einnahmequelle verschwendete der schreibfreudige Minister so viel Papier, Erlasse, Akten, Berichte und Briefe wie auf die Zölle. Dabei zeigte er sich stets in dem sehr einleuchtenden Konflikt, die Einnahmen zu erhöhen und den Handel zu hemmen oder die Warenbewegungen zu fördern und eine höchst ergiebige fiskalische Quelle zu schmälern. „Es muß untersucht werden", sagte er in einem Runderlaß an die Intendanten, „wieviel es dem König kosten würde, alle Büros aufzuheben, die das Königreich entzweischneiden."

Aber die Intendanten warteten mit so erschreckenden Zahlen auf, daß Colbert vor den Einbußen zurückschrak. Er zog sich also auf die organisatorischen Schwächen dieser Einnahmensorte zurück. „Wir haben erkannt", so erklärt er in einem Bericht, „daß diese Abgaben unter so vielen verschiedenen Bezeichnungen eingereicht worden sind, daß die Verschiedenartigkeit so vieler Lasten und Taxen geeignet ist, unsere Untertanen von der Weiterführung ihres Handels abzuschrecken." Man könnte unmöglich von einem Kaufmann, „und noch weniger von seinen Boten, Korrespondenten und Frachtkutschern", verlangen, sich in der widerspruchsvollen Vielfalt der Bezeichnungen und Fachausdrücke auszukennen, und „sie alle sind auf den guten Glauben der Pächter angewiesen, der sehr häufig höchst verdächtig ist". Tatsächlich wurde dann auch eine radikale Vereinfachung des Zollwesens bei voller Aufrechterhaltung ihres Ertrages verfügt, aber Colbert erlebte nicht mehr, daß sie in die Wirklichkeit umgesetzt wurde. Schneller wirkte sich die Reform der Salzsteuer aus, eine Steuerart, die dem Königtum mehr in seinem Ansehen schadete, als sie ihm finanziell einbrachte, was bei der Ergiebigkeit dieser Steuerquelle nicht wenig heißen will. Besonders der gesetzliche Zwang für jeden Untertanen, eine bestimmte Menge Salz zu kaufen, machte diese Steuer zum Lieblingsgegenstand der Pamphletisten

Die Erlegung der Kopfsteuer

und Demagogen. Abschaffen konnte Colbert sie nicht, ihr unsoziales Wesen scheint ihn auch wenig gestört zu haben, aber er konnte ihre Verwaltung verbessern, womit er nicht nur die Reibungen zwischen Fiskus und Publikum verringerte, sondern ihren Ertrag auch um fünf Millionen Livres hob.

Man sieht also, daß der große Mann auf dem steuerlichen Gebiet kein Umstürzler war und bei klarer Erkenntnis der Schäden wenig wagte. Die entscheidenden Schwierigkeiten lagen eben im Regime, das er selbstverständlich nicht einmal in Gedanken anzutasten wagte. Die Verpachtung der Steuern verhüllte dem König wohltätig den Anblick auf die einzelnen Steuerzahler, außerdem wurde es bei der wachsenden Verschuldung der Krone immer schwieriger, auf die Eingänge aus den Verkäufen der Ämter zu verzichten. Und für die Ämter im Steuerwesen wurden besonders hohe Preise bezahlt. So griff denn der König von Zeit zu Zeit zu dem Mittel, seinen besonderen Finanzbedarf dadurch zu befriedigen, daß er neue Ämter schuf und sie zum Höchstpreise versteigerte. Das ging nicht immer ohne Schwierigkeiten ab, denn wenn die Erwerbung eines einträglichen Staatsamtes auch eine bessere Geldanlage war als der Erwerb von Renten, die das Schatzamt manchmal in drastischer Form zur Konvertierung brachte, so waren sich doch die reichen Leute, die für solche Posten in Frage kamen, darüber klar, daß es nicht immer ganz behaglich war, ein königliches Amt auszuüben, besonders wenn es den Inhaber mit dem störrischen, ja manchmal verzweifelten Untertan in Berührung brachte. Schon zu Zeiten des Kardinals hatte Colbert diesem schreiben müssen: „Für Ihre Intendantenämter habe ich keinen Interessenten gefunden, der zu zwölftausend Talern abschließen wollte. Ich habe sie überall öffentlich ausbieten lassen." Leichter gingen die Hofämter ab, von denen einige Tausend käuflich waren. Sie brachten zwar in den meisten Fällen mehr Ehre als Geld ein, aber es gab immer genug Leute, die für das Recht, dem Herrscher den Hut reichen oder das königliche Fasanenfutter verwalten zu dürfen, einen Teil ihres Vermögens hergaben.

Sehr begehrt waren die Ämter der Konsule. So wurden für den Posten eines Konsuls in Smyrna fünfundsiebzigtausend Livres bezahlt. Der Käufer übernahm sein Amt nicht immer in eigener Person, sondern gab es einem „Untermieter", der ihm dafür eine bestimmte Abgabe leisten mußte. Häufig auch wurden diese Stellungen von Handelsgesellschaften erworben, die sie ihrerseits dem Höchstbietenden gegen eine laufende „Miete“ abtraten. Da hierfür die normalen Einkünfte des Konsuls nicht ausreichten, blieb es diesem überlassen, sich auf Kosten der französischen Kaufleute, deren Interessen er schützen sollte, bezahlt zu machen, sei es, daß er diesen zusätzliche Gebühren abforderte, sei es, daß er selbst Handel trieb und sich dabei Abgabenfreiheit zugestand. Sogar diplomatische Posten scheinen eine Zeitlang auf diese Weise ausgebeutet worden zu sein. Sicher ist, daß der Botschafter des Sonnenkönigs in Konstantinopel kein Gehalt

Ballett bei einem Diner im Freien während eines Hoffestes in Versailles

bezog und sich an dem französischen Handel schadlos hielt. Obwohl Colbert sowohl für eigene Rechnung als auch für seine zahlreiche Familie manches einträgliche Amt selbst erwarb, war er sich doch des Schadens für die Finanzen und die Verwaltung bewußt, der sich aus diesem Handel ergab. Ihm lag an der Schaffung einer strebsamen und verantwortungslustigen Beamtenschaft. Der Ämterschacher konnte solchen Charakter nicht erzeugen. Wie oft prangerte er „das müßige und schleichende Leben" an, das die meisten „Offiziere" – so nannte man damals die Mehrzahl der Beamten – zu führen pflegten. Sein Streben ging dahin, die Käuflichkeit nicht nur für die Zukunft abzuschaffen, sondern auch die gekauften Ämter sämtlich einzuziehen. Die vorübergehende Entspannung der Budgetlage, die zu Anfang seiner Tätigkeit eintrat, diente ihm dazu, zahlreiche „Offiziere" der Finanzverwaltung auszuzahlen und ihre Ämter abzuschaffen. Vierzigtausend Familien, so schätzt er, würden durch die Aufhebung der käuflich erworbenen Posten betroffen, ja ruiniert werden, „aber es ist sicher, daß die großen Schläge in Frankreich ebenso leicht ausführbar sind wie die kleinen und daß sofort nachher niemand mehr daran denkt". Der König zeigte sich jedoch recht zurückhaltend, obwohl sein Finanzminister ihm das schlagendste Argument entgegenhielt: „Der größte Teil des Geldes im Königreich, das bisher auf den Ämterhandel verwandt wurde, wird sich mit der Zeit wieder auf den richtigen Handel werfen, der dem Staate nützlich ist." Die Zwangsenteignung wurde abgelehnt, und der ganzen Reform wurde der Grundsatz der Ausbezahlung unterlegt. Zwei Teilmaßnahmen folgten im Abstand von vier Jahren, eine dritte Verfügung stieß jedoch bereits auf so viel Obstruktion, daß mit der Reform im Jahre 1673 „zunächst für ein Jahr" ausgesetzt wurde. Mit dem bösen Willen wäre man vielleicht fertig geworden, aber schließlich verschlechterte sich die Lage des Schatzamtes wieder so, daß der König froh war, wenn er aufs neue zahlungskräftige Kandidaten für seine Ämter fand.
Das war eine wesentliche Erschwerung für die Durchführung der an sich schon auf einen bescheidenen Umfang zusammengeschrumpften Steuerreform. Colbert hielt sich an das Heer der unteren Gehilfen, der Gerichtsvollzieher, der Steuerknechte und Häscher, deren Anzahl beträchtlich vermindert wurde. Das Amt des Steuereinnehmers war ja damals kein Ruhekissen, denn die Pächter hatten das Recht, den Einnehmer, der mit den Beitreibungen im Rückstand war, ins

Die Oberrechnungskammer von Frankreich

Gefängnis zu sperren, wo er dann oft mit den Urhebern seines Unglücks, nämlich den schlechten Steuerzahlern, zusammentraf. Der Finanzminister wählte ein eigenartiges Mittel, um auf die Eintreibungsmethoden einzuwirken. Er verfügte nämlich, daß in jeder „Generalität" zwei Steuerdirektoren verhaftet würden, nämlich derjenige, „der die höchsten Unkosten gemacht hat, und derjenige, der am meisten Eintreiber hat einsperren lassen, wobei gar nicht erst erörtert werden soll, ob sie recht oder unrecht haben"! Aber diese Strenge änderte wenig an dem Gesamtbild. Das Äußerste, was getan werden konnte, war eine Neuverteilung der einzelnen Steuerkategorien im Gesamtaufkommen. Die Kopfsteuer wurde wegen ihrer verwickelten und kostspieligen Eintreibung schrittweise verringert, so daß sie von zweiundvierzig Millionen Livres im Jahre 1661 auf fünfunddreißig Millionen um 1680 herabging, dagegen wurden die übrigen drei Steuerarten fast um das Vierfache erhöht.

Das Schloß von Versailles von der Terrassenseite

Das Budget

Die Besserung des Einnahmenetats wurde also, soweit er durch Steuern zustande kam, sowohl durch eine Erhöhung der Sätze als auch durch eine zweckmäßige Verlagerung und vor allem durch die gründliche Neuorganisation der Steuerverwaltung erreicht. Zum ersten Male bekam der Steuerzahler das Gefühl, daß er nicht ein bloßes Ausbeutungsobjekt des Königs und, was schlimmer war, der Steuerpächter sei, sondern daß die Regierung tatsächlich eine scharfe Kontrolle ausübte. Die Anfangserfolge Colberts waren denn auch bestechend. Schon im zweiten Jahr seiner Tätigkeit als Generalkontrolleur stiegen die Roheinnahmen um drei Millionen Livres und sanken die Unkosten um elf Millionen Livres. Diese Entwicklung dauerte in ständig fortschreitendem Maße bis 1669 an, wo die königliche „Taschenagenda" nach Zahlung aller Rückstände sogar einen Überschuß von hundertfünfundachtzigtausend Livres aufweist. Aber dieses Jahr mit seinem bescheidenen Plus scheint das letzte glückliche des Ordnungsfanatikers Colbert gewesen zu sein, denn schon das nächste Rechnungsjahr schließt wieder mit einem Defizit, und damit beginnt denn auch Colberts undankbare Rolle als Plagegeist des Monarchen. Dreizehn Jahre lang wird er nun dem Sonnenkönig mit seinem düsteren Klageruf nach Sparsamkeit in den Ohren liegen, und zwar mit einer Schärfe, die an diesem Hofe unerhört ist. „Es scheint mir", so schreibt er einmal seinem Herrn, „daß Eure Majestät Ihre Vergnügungen und Zerstreuungen jeder anderen Sache auf Erden vorziehen." Das tut der König allerdings, aber seine „Zerstreuungen" sind für ihn ebensogut Staatsdienst, wie wenn er irgendeine nützliche Arbeit verrichtete. Ist er doch völlig durchdrungen von der Unteilbarkeit des königlichen Wesens, das sich nicht erst nützlich zu machen braucht, um zu gelten, sondern durch sein bloßes Dasein wirkt.

Und man muß hinzufügen, daß ihm die Staatsphilosophen seiner Zeit darin durchaus recht gaben, daß also die persönliche Verantwortung erst in dem Augenblick entstehen und aufgerufen werden konnte, wo die besondere Wesenheit des Herrschers weder vom König selbst noch von seiner Zeit mehr geglaubt wurde.

Der Bau des Schlosses von Versailles verursachte dem Finanzminister besonderen Kummer. Später waren es dann der weitere Ausbau, der Park und schließ-

Versailles um 1690

lich die in diesem großartigen Rahmen über alles Maß wuchernde Hofhaltung. Jahrzehntelang waren Versailles und seine Vervollkommnung das Hauptanliegen des Königs, und sein Finanzminister jammerte dazu. In den entscheidenden Stunden der Monarchie dachte der König immer zuerst an Versailles, über dessen Zustand der Minister seinem Herrn selbst ins Feld lange Wochenberichte mit den geringsten Einzelheiten senden mußte. Wenn solche fehlten, schrieb der König ärgerlich zurück, wie etwa aus Besançon: „Berichten Sie mir über die

Schloßpark mit Trianon um 1670

Wirkung, die die Orangenbäume an dem für sie ausgesuchten Platz jetzt tun.“ Nach zwanzig Jahren kostspieligsten Bauens und Umbauens siedelten König und Hof endgültig nach Versailles über und begannen jene Lebensführung, die durch ihre Verschwendung und Nichtigkeit das Jahrhundert – und das folgende – so gründlich demoralisierte. Colbert hatte damals die Hoffnung, jemals noch einen ausgeglichenen Etat zu haben, schon längst aufgegeben. Das Rad des Ruins drehte sich schneller und schneller. Was Versailles eigentlich an Geld

Der große Springbrunnen im Park von Versailles um 1670

Die Galerie Ludwigs XIV. in Versailles

gekostet hat, ist niemals mit Sicherheit errechnet worden. Die heutigen Schätzungen lauten auf dreihundert Millionen Goldfrancs. Der unerbittliche Rechner Colbert mag vor diesem Faß ohne Boden, in das er die Staatseinnahmen hineinzuschaufeln hatte, oft die Hände in Verzweiflung gerungen haben. Aber niemals stritt er dem Souverän das Recht auf diese alles verschlingende Art der Repräsentation ab. Er fand es falsch, daß der König immer wieder die Voranschläge überschritt, aber es schien ihm durchaus in der Ordnung, daß ein erheblicher Teil des Nationalvermögens auf „den Ruhm und die Größe der Majestät" verschwendet wurde. Denn auch in seinen Augen war die Repräsentation eine fast heilige Pflicht des Herrschers, in dessen Sphäre es unter allen Umständen „majestätisch" hergehen mußte. Sein monarchistisches Herz lebte in einem beständigen Konflikt zwischen der Anerkennung des „Majestätischen" und der Furcht vor Verschwendung.

Mit den militärischen Ausgaben erging es ihm kaum anders. Wohl sah er ein, daß der König eine Armee halten mußte, die seiner ruhmbegierigen Außenpolitik entsprach. Aber konnte man nicht an der Ausstattung dieser Streitmacht sparen, die wie eine Ballett-Truppe aufgeputzt war und sich mit dem umständlichen Aufwand einer Hofhaltung bewegte! Hier stieß Colbert freilich auf den rasenden und höchst aktiven Widerstand des Kriegsministers Louvois, eines Kraftmenschen, den er haßte und von dem er sich gehaßt fühlte. Vergeblich beschwor er den Monarchen, die militärischen Ausgaben auf sechzig Millionen Livres jährlich zu beschränken, „also auf dreimal so viel, wie Heinrich IV. jemals ausgegeben hat". Der König begnügte sich damit, ziemlich höhnisch zu erwidern, daß er zehnmal mehr an den Krieg als an seine Finanzen denke. Was Colbert auch sagen und schreiben mochte, seit 1670, also seit dem Wiedererscheinen des Defizits, antwortete der König immer ablehnend, manchmal grob, manchmal freundlich mit der tröstlichen Bemerkung, Colbert werde schon einen klugen Ausweg finden, und immer ausweichend. Es war klar, daß der Finanzminister nicht mehr auf die Mitarbeit seines Herrn bei der Erhaltung des Budgetgleichgewichts rechnen konnte. Die Ausgabenpolitik war unrettbar verwirrt, es blieb kein anderer Weg, als die Einnahmen zu steigern und „den König reich zu machen".

Die Industrie

Bei der Verfolgung dieses Zieles blieb Colbert sich selbst überlassen und konnte seine besten Eigenschaften frei entfalten. Die ganze Wirtschaft des Landes in den festen Rahmen eines Willens zu zwängen und sie mit härtester Ausschließlichkeit in den Dienst des Königs, also des Staates, zu stellen, das war das eigentliche Lebensziel Colberts. Der König gab aus, aber das Land produzierte, und wenn es schon keine Mittel gab, den König beim Ausgeben zu lenken, so sollte wenigstens das Land bei der Erzeugung von Gütern, Werten und Leistungen dirigiert werden. So entstand der fruchtbarste Teil des „Colbertismus", auf den sich sein eigentlicher Ruhm gründet. Wie alle seine Aufgaben, so begann er auch diese mit einer umfangreichen Enquete. Im Jahre 1663 setzte er eine kleine Armee von Beamten, Kommissaren und Fachleuten in Bewegung, um zu untersuchen, was geschehen müsse, damit Frankreich „für die zu seinem Gebrauch und Leben nötigen Dinge nicht mehr auf das Ausland zurückzugreifen braucht". Zu diesem Zweck wird jeder Teil des Landes systematisch untersucht, ob er das produziert, was seinen Bedingungen, seinen Naturgegebenheiten und der Art seiner Bevölkerung entspricht, und ob er es in der ihm möglichen höchsten Qualität erzeugt. Der Boden, die vorhandenen industriellen Einrichtungen, die Wasserkräfte, das Klima, die Verkehrs- und Transportmittel, die Rohstoffvorkommen, der Charakter und die Gewohnheiten der Menschen, alles das wird in zahlreichen Einzelberichten zusammengetragen und schließlich von ihm zu einem Plan zusammengefaßt, dem drei Forderungen zugrunde liegen: Unabhängigkeit von der Produktion des Auslandes, Steigerung des Inlandverbrauches und Exportfähigkeit durch Qualitätssteigerung bis zum Ruin des ausländischen Konkurrenten.

Gobelin- und Teppichfabrik in Paris

Die Ausführung des Planes beginnt am augenfälligsten mit der Förderung und Vermehrung der Manufakturen. Die „Manufakturen des Königs", wie Gobelins und Beauvais, sind rein staatliche Betriebe, die übrigen werden von Privatunternehmern betrieben und können auch frei ans Publikum verkaufen, aber sie haben für ihren Gegenstand ein Monopol und erhalten einen Zuschuß vom Staat, was diesem erlaubt, sich in ihren Betrieb einzumischen und die Herstellung zu überwachen. So entstehen die berühmten Fabriken für Wandteppiche, Glas, Spiegel, Spitzen, gemusterte Stoffe, Tuche, Leinen und Möbel. So entwickeln sich die einheimischen Industrien für Eisendraht, Stahl, Blech, Waffen, Schießpulver, Teer, Seife und Luxusartikel. Aber die dabei zu bewältigenden Schwierigkeiten sind ungeheuer. Sie werden von Colbert mit einer Radikalität überwunden, die oft tief in die soziale Struktur des Landes und in den Charakter des Volkes einschneidet. Ja, man kann sagen, daß in Colberts Unternehmungen alle Methoden, die in Zukunft von straff planenden und lenkenden Staaten angewandt werden, zum mindesten schon anklingen.

Dabei schwankt er oft in seiner Auffassung, einmal nennt er die staatliche Subvention, die er den Fabriken zukommen läßt, Krücken, die er den Produzenten geliehen habe, um sie ihnen später wieder wegzunehmen, dann wieder erklärt er, daß es sein Ziel sei, die gesamte Produktion, auch die des Handwerks, zu verstaatlichen. Wie sehr er auch von der Notwendigkeit durchdrungen ist, die Überlieferungen des Handwerks zu schützen, so führen es doch seine Reformen mit sich, daß die ständischen Gebilde langsam den industriellen Organisationen den Platz räumen. Zwei verschiedene Typen werden sichtbar, die sich schrittweise voneinander entfernen, um bald in Gegensatz zu geraten, der Fabrikherr, der sich Arbeitskräfte mietet, und der Meister, der mit seinen Gesellen und Lehrlingen zusammenlebt. Colbert schafft, ohne es zu wollen, den Typ des Industriearbeiters und entwickelt ihn auf Kosten der ständischen Arbeitsweise. Dabei geht er immer von dem Dogma aus, daß der König der oberste „Arbeitgeber" sei, so daß Turgot hundert Jahre später in der Einleitung zu seinem Erlaß über die Korporationen die Zeit tadelte, „wo einige Personen verkündeten, das Recht, zu arbeiten, sei ein königliches Recht, das der König verkaufen konnte und das die Untertanen kaufen mußten".

Colbert scheut vor keinem Eingriff zurück, um die für seine Industrialisierungspläne notwendigen Arbeitskräfte zu beschaffen. Für ihn gilt nur der als nützlich, der dazu beiträgt, „den Reichtum des Königreiches zu vermehren"; weder der Arzt noch der Robenträger, der Jurist, den er besonders haßt, haben für ihn eine Daseinsberechtigung – von den Mönchen und Nonnen ganz zu schweigen.

Überhaupt ist ihm die gesamte karitative Tätigkeit der Kirche ein Dorn im Auge, denn „sie fördert den Müßiggang". In umständlichen und oft gereizten Verhandlungen mit dem Erzbischof von Paris sucht er der Almosenverteilung zu Leibe zu gehen und erreicht auch, daß in vielen Klöstern an die Armen weder Geld noch Lebensmittel, sondern Wolle ausgegeben wird, die verarbeitet werden muß. Er schlägt dem König wiederholt vor, eine Reihe von Berufen, die seinen Wirtschaftsplänen nicht unmittelbar dienstbar sind, überhaupt zu verbieten und „allen Menschen, die sich der auf das allgemeine Wohl des Staates gerichteten Arbeit entziehen möchten, die Lebensbedingungen zu erschweren". Das klingt ungeheuer radikal, verblaßt aber ein wenig angesichts der Tatsache, daß Colbert mit einer Gesellschaft zu tun hatte, die eine gewaltige Last privilegierter Personen mitschleppte. Adel, Klerus, Hof und die Mehrzahl der Beamten bildeten nicht nur für das Steueraufkommen, sondern auch für die Gesamtproduktion ein totes Gewicht. Sie trugen keine Lasten und waren zum Müßiggang nicht nur berechtigt, sondern geradezu verpflichtet. Mit diesem sehr bedeutsamen Teil der Bevölkerung konnte Colbert nicht umspringen. Um so nachdrücklicher hielt er sich an die Handwerker, die Bauern und Arbeiter. Um seine Manufakturen zu füllen, war ihm jedes Mittel recht, auch das der hohen Löhne. Seine Feinde sagten ihm sogar nach, er habe von Zeit zu Zeit irgendeine belebte Großstadtstraße absperren lassen und ihre Bevölkerung in die Fabriken bringen lassen. Er kämpfte gegen die Auswanderung, förderte die frühen Eheschließungen und den Kinderreichtum durch Beihilfen und Steuerermäßigungen und zwang dem König sogar religiöse Toleranz auf, wenn er eine tüchtige Handwerkerfamilie dadurch im Lande halten konnte. Die französischen Gesandten und Konsuln wurden mit Aufträgen überschüttet, den fremden Ländern ihre Spezialisten wegzuengagieren und, wenn möglich, gleich ganze Betriebe mit Meister und Belegschaft nach Frankreich zu verpflanzen. So holte man aus Deutschland und Schweden Fachkräfte für die Metallverarbeitung, aus Holland für Tuche, aus Venedig für Stickereien und Glas, aus Mailand für Seide, um auf diese Weise die eigene Qualität zu steigern und dem konkurrierenden Lande, wie Colbert immer wieder mit Genuß aussprach, Schaden zuzufügen.

Das Streben nach Qualität hat bis auf den heutigen Tag, wenigstens in der französischen Luxusindustrie, die ja aus einem Kompromiß zwischen königlicher

Verschwendung und Colbertscher Industrialisierung entstanden ist, deutliche Spuren hinterlassen, aber es hat den großen Wirtschaftslenker in den Jahren seines intensivsten Wirkens auch am gründlichsten in die Sackgasse getrieben. Nur die völlig unerläßlichen Waren und Rohstoffe sollten eingeführt und diese Einfuhren sollten unter keinen Umständen mit Gold, sondern stets mit eigener Ware bezahlt werden. Dazu aber war eine absolut einzigartige Qualität erforderlich. Man weiß nicht, was ihn stärker bewegte, die Lust an neuer Produktion

Laden mit Stoffen und Modewaren

oder seine fanatische Sorge um die Zahlungsbilanz. Schließlich wagte er nichts mehr dem Lauf der Dinge zu überlassen. Fast 200 Verordnungen und Erlasse sind uns erhalten, die sich ausschließlich damit beschäftigen, die verschiedenen Güter und Erzeugnisse zu normen. Die 1671 erschienene „Ordonnanz" über die Färbung von Stoffen umfaßt dreihundertundsiebzehn Artikel. Dazu gehört ein Heer von Kontrollbeamten und Körperschaften, die über die Ausführung dieser zahllosen Bestimmungen wachen und Vollmachten haben, Verstöße mit drastischen Mitteln zu ahnden. Schlecht gearbeitete Stücke werden vor ihrer Vernichtung an der Schandsäule ausgestellt, im Wiederholungsfalle kommt der Hersteller selbst an den Pranger.
Methoden dieser Art erzeugen Widerstände und Obstruktion, denen die Obrigkeit mit neuen Verordnungen und neuen Einmischungen begegnet, bis es schließlich – wenigstens in den staatlichen Manufakturen – Betriebe gibt, deren Arbeitern es sogar verboten ist, sich untereinander Spitznamen zu geben. Die Stunde des Händewaschens ist festgesetzt, ebenso die Stimmstärke, mit der man bei der Arbeit singen darf, „damit der Nebenmann nicht gestört werde". Diese zu Hunderten überlieferten Einzelheiten verraten, wie stark Colbert in ein Sy-

Beim Kupferdrucker

Ludwig XIV. besucht ein wissenschaftliches Observatorium

stem der Einmischung hineingezogen wird, das er ursprünglich so ausführlich und tyrannisch keineswegs gewollt hat. Tatsache ist, daß ihm aus dem französischen Volkscharakter wenig Hilfe und Mitarbeit entgegenkommt. Die Unlust des einzelnen, sich zu unterwerfen, schafft sich tausend Möglichkeiten, um das Netz der Regeln zu zerreißen. Diese Risse flickt Colbert mit der wachsenden Zahl seiner Verfügungen, die nichts dem Zufall oder dem „freien Spiel der Kräfte" überlassen. Freilich treibt ihn dabei auch seine alte Idee von der „majestätischen Ordnung", die es nicht erträgt, daß Verstöße gegen das Maß oder die Qualität begangen werden. Er erklärt geradezu, der höchste Grundsatz für die Fabriken der Monarchie müsse darin bestehen, „die Stoffe immer gleich an Güte, Länge und Breite herzustellen". Hier spricht auch ein Vergnügen am Befühlen und Abmessen der Stoffe mit, das wohl aus Colberts Herkunft erklärt werden darf. Stammt er doch aus einer Familie von Tuchhändlern der Stadt Reims, und dieser städtisch-kaufmännische Ursprung schwingt als leises Motiv in fast allen seinen wirtschaftlichen Doktrinen und Unternehmungen mit.

So ist auch sein Verhältnis zur Landwirtschaft ein mehr pflichtgemäßes als herzliches. Er kennt wohl deren Bedeutung, aber sie spricht seine Phantasie nicht an. Die kleinräumige Bedarfswirtschaft des französischen Bauern erscheint ihm als ein natürliches Hindernis für großzügige Pläne, das Unberechenbare des Ertrages verdrießt ihn, so daß er seine Intendanten anweist, den Klagen der Bauern über Wetterschäden grundsätzlich zu mißtrauen. Alles, was der Industrie dient, wie Raps, Hanf und Färbemittel, beschäftigt ihn, während er dem Weinbau eine nahezu feindselige Gleichgültigkeit entgegenbringt. Dem Weizenanbau gegenüber gelangt er nie zu einer entscheidenden Politik. Seine Tendenz geht dahin, das Getreide innerhalb Frankreichs freizügig zu halten und dadurch den Preis dieses für die industriellen Gestehungskosten so wichtigen Produktes frei pendeln lassen zu können. Die periodischen Knappheiten jedoch, die sich oft zu Hungersnöten steigern, zwingen die Intendanten, das Getreide da zu halten, wo es ist, also die Ausfuhr in Nachbarprovinzen zu unterbinden, was aber in den reinen Getreidegegenden einen Rückgang des Anbaues zur Folge hat. Es gelingt dem Allgewaltigen nicht, in diese Verhältnisse eine klare Linie zu bringen, wie denn überhaupt die Landwirtschaft der schwächste Teil seiner öffentlichen Tätigkeit bleibt.

Der Außenhandel

Um so kräftiger entfaltet sich seine Handelspolitik. Ja, man kann sagen, daß sein Bestreben, den Außenhandel seines Landes zu heben oder, wie er es einmal ausdrückt, „nicht eine Unze Gold herauszulassen, aber so viel fremdes Gold wie nur möglich ins Königreich zu lenken", daß dies Bestreben die besten Schwingungen seines Temperaments auslöst und diesen mißtrauischen Ordnungsmenschen manchmal in den Bereich des Schöpferischen hebt. Damit sind selbstverständlich nicht die Schutzzölle und die Überwachung der Rohstoffzuteilung gemeint, die Colbert streng handhabte, sondern vor allem die Organisation des Außenhandels, der Kolonien und der Handelsschiffahrt. Daß er bei der Kontrolle der fremden Einfuhr keinerlei Originalität walten läßt, sondern lediglich auf handfesten Schutz der von ihm geschaffenen Industrie bedacht ist, kann nicht überraschen. „Der Handel", so verkündet er, „besteht darin, alle Güter zu entlasten, die zur Verarbeitung im Innern des Königreiches dienen, und dafür die zu belasten, die schon verarbeitet sind." Während der Zolltarif von 1664 sich noch mit normalen Schutzsätzen begnügt, aber keineswegs prohibitiv ist, wird den ausländischen Handelsmächten in dem nach der Schaffung der ersten Manufakturen eingeführten Tarif von 1667 förmlich der Kampf angesagt. Die wichtigsten Ausfuhrindustrien Hollands und Englands werden mit einem Schlage mattgesetzt. Während England stoisch zu dem damals schon klassischen Mittel greift, den französischen Wein neu zu belasten, und im übrigen zu verhandeln beginnt, hat die Auseinandersetzung mit Holland vom ersten Tag an einen so gereizten Ton, daß der fünf Jahre später ausbrechende Krieg als die natürliche Fortsetzung des Handelskriegs erscheint. Was Colbert veranlaßt, den König zum Bruch zu treiben, sind weniger die holländischen Grenzzölle, sondern der glänzende Abschluß der holländischen Ostindien-Compagnie, die 1670 an ihre Aktionäre eine Dividende von vierzig Prozent austeilt. Von diesem Augenblick an ruht Colbert, der ja inzwischen eine Reihe von Handelskompagnien mit ähnlichem Zweck gegründet hat, nicht mehr, bis Turenne mit seiner Kriegsmacht vor Maastricht erscheint. Holland hat es gewagt, Colbert auf seinem ureigensten Gebiete, dem der Handelskompagnien, erfolgreich Konkurrenz zu machen! Der König erklärt, daß er „mit den Staaten von Holland sehr unzufrieden" sei. Col-

Eroberung von Nymwegen, Juli 1672

bert wirft ihnen – offenbar als Kriegsgrund – „viel Undankbarkeit gegen den König“ vor und erweist sich damit als echter Franzose, wie selbst die neueste Zeit keinen echteren hätte hervorbringen können. Denn die Franzosen haben zu allen Zeiten, völlig unberührt vom Auf und Ab ihrer Geschicke, auf dem Standpunkt gestanden, daß alle Welt ihnen Dank schulde und daß jeder, der ihnen Schwierigkeiten mache, eben undankbar sei. Die Kriegsziele, die Colbert aufstellt, lauten auf Aufhebung der holländischen Zolltarife, Abtretung der hollän-

Blick auf Quebec

dischen Kontore in Afrika und den beiden Indien, Ausschaltung aus Konstantinopel, den Levantehäfen und dem gesamten Mittelmeer. Er berechnet die Handelsvorteile, die sich für Frankreich aus diesen Friedensbedingungen ergeben, auf dreißig Millionen Livres. Aber er hat gut rechnen. Die kriegerische Entwicklung nimmt eine andere Richtung. Im Frieden von Nymwegen muß Frankreich den Zolltarif von 1667 zurückziehen und Holland gegenüber auf den Einsatz der Handelskompagnien verzichten.

Bitterer Verzicht! Denn seit 1664, zu welchem Zeitpunkt die Ostindische Kompagnie ins Leben gerufen wurde, hat Colbert wachsende Hoffnungen für den französischen Außenhandel an diese schon von Richelieu versuchten Gründungen geknüpft. Die Schwierigkeiten sind freilich von Anfang an enorm, besonders für die Aufbringung des notwendigen Kapitals. Und die eben genannte Gesellschaft, die für den Handel auf dem Weg nach Indien und in Indien selbst bestimmt ist, lautet auf ein Kapital von fünfzehn Millionen Livres, in Stücken zu zehntausend Livres, die zu einem Drittel sofort zahlbar sind. Colbert ruft das Heer der Beamten und Steuerpächter auf, um ihnen die Zeichnung nahezulegen. Das breitere Publikum, auf das die Obrigkeit keinen Druck ausüben kann, zeigt sich ziemlich gleichgültig. Trotzdem kommt die Gründung zustande, und die Kompagnie faßt bald darauf dann auch auf Madagaskar und an einigen Punkten Indiens Fuß. Nichtsdestoweniger weigern sich die Zeichner, das zweite und letzte Drittel ihrer Anteile zu bezahlen, so daß der König schließlich das Privileg zurückzieht, was die Gesellschaft aber nicht hindert, im folgenden Jahrhundert eine ebenso glänzende wie geräuschvolle Auferstehung zu feiern. Die Levante-Kompagnie, die den Marseiller Handel zusammenfassen sollte, vermochte sich ebenfalls nicht lange zu halten. Anders die Westindische Kompagnie, die das Monopol für den Handel mit Amerika erhielt. Damit erhob sich vor Colbert das gewaltige Problem der französischen Kolonien, vor allem Kanadas. Und es ist eindrucksvoll, zu sehen, welch sichere Hand dieser scheinbar so wenig ins Weite drängende Verwaltungsmensch gerade bei der Lösung der kolonialen Fragen bewährt.

Während seiner Amtszeit vervierfacht sich die französische Bevölkerung Kanadas, während sich die der Antillen mehr als verdoppelt, und das zu einem Zeitpunkt, zu dem die Einwanderung aus dem Mutterland so gut wie völlig aufgehört hat. Alle für die Kolonien bestimmten Waren des Mutterlandes sind abgabenfrei, ebenso die nach Frankreich kommenden Erzeugnisse dieser Besitzungen. Stolz verzeichnet der Minister 1670, daß „das Ausland keinen Zucker für unseren Verbrauch mehr bei uns einführt und daß wir ihnen seit einigen Monaten sogar welchen schicken“. Im folgenden Jahr kann er dem König melden, daß Kanada keine Zuschüsse mehr brauche und sogar zu exportieren beginne. Er schmeichelt sich, diese guten Resultate dadurch erreicht zu haben, daß er sich in

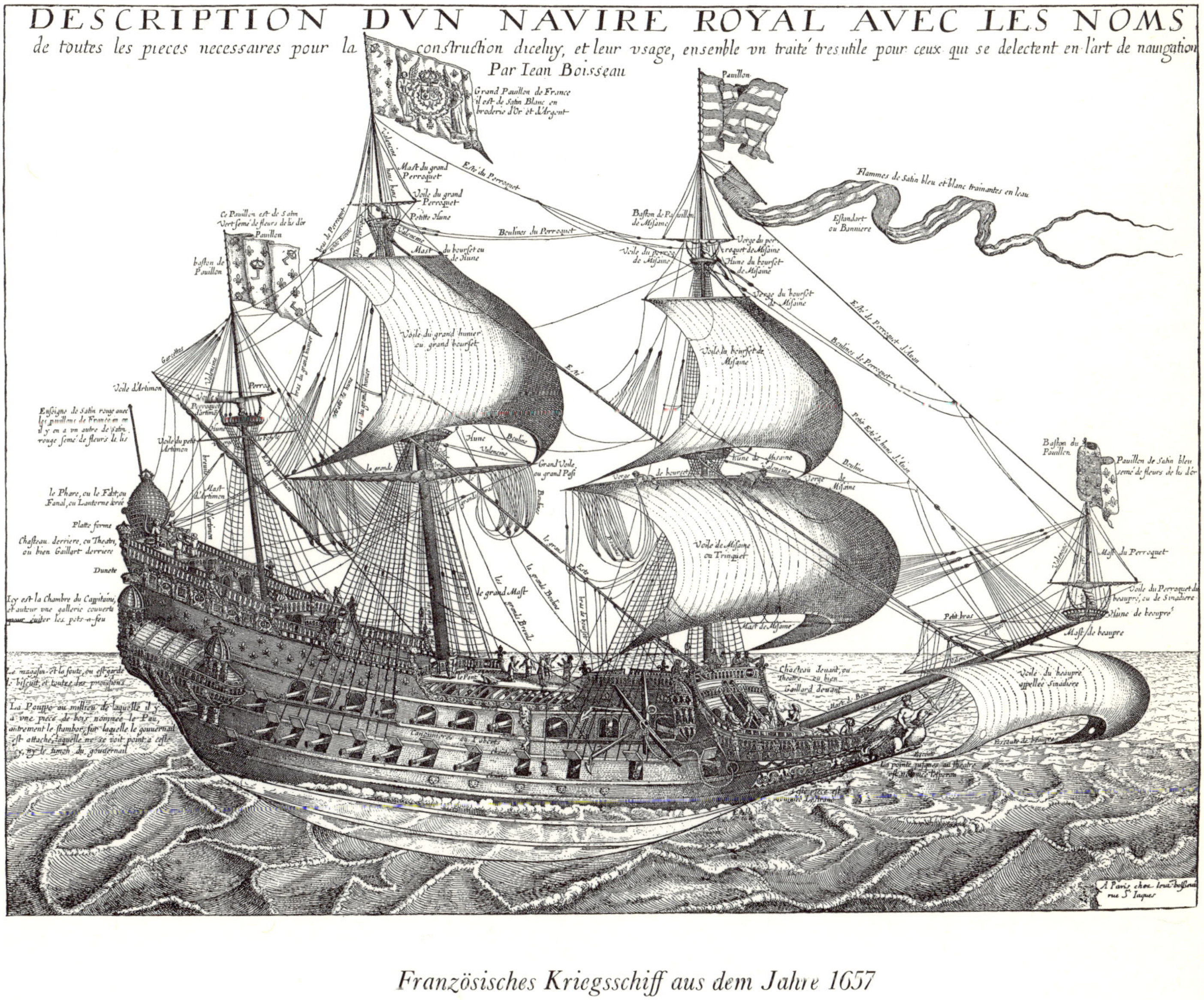

Französisches Kriegsschiff aus dem Jahre 1657

Seeschlacht bei Agasta 1676

jedes Detail der Verwaltung und Wirtschaft der überseeischen Besitzungen „wie ein Familienvater" eingemischt habe. In der Tat ein strenger und umsichtiger Familienvater, der an alles denkt und an seine Kolonialbeamten folgendermaßen schreibt: „Sie erhalten demnächst die angekündigten hundertfünfzig Mädchen, gesund und kräftig, sowie die Stuten und Lämmer, alles für Kanada bestimmt." Das Verhältnis zu den Eingeborenen legt er nach Grundsätzen fest, die den puritanisch-englischen schroff gegenüberstehen: keine Unterdrückung, nicht einmal gewaltsame Bekehrung der Eingeborenen, sondern ihre Aufnahme in die französische Gemeinschaft. Das hindert die Franzosen freilich nicht, handfest, ja brutal vorzugehen, wo es ihr Vorteil erheischt, aber sie halten sich tatsächlich fern von der fanatischen und sinnlosen Ausrottungspolitik der Engländer und ihrer Nachfolger, der Amerikaner. Wenn es Colbert nicht gelingt, seine kühnsten Pläne auszuführen, die auf Ceylon, auf Singapore und Siam abzielen, so kann der König am Ende seines Lebens doch auf ein Reich blicken, das von Kanada zu den Antillen geht, von Cayenne bis Guyana, von der afrikanischen Küste bis Madagaskar und zu den indischen Stützpunkten.

Um dieses Reich zu gewinnen und zu halten, braucht der König Schiffe, und Schiffe schafft ihm Colbert, wie er ihm alles andere verschafft hat. Während aber die meisten Schöpfungen des unermüdlichen Finanzministers schon von Anfang an den Keim ihres Verfalls in sich tragen, erweist sich seine Flottenpolitik als seine reinste und glückhafteste Leistung, die ihn zu einem wahren Mehrer Frankreichs macht. Auch hier nimmt er die durch den Bürgerkrieg gestörten Versuche Richelieus wieder auf und beginnt wie immer mit einer Denkschrift, die nach einer erbarmungslosen Bestandsaufnahme ein genaues Programm für den Ankauf und Bau von Schiffen, die Anlage von Häfen und die Gewinnung von Besatzungen enthält. Alles wird in dieser Denkschrift behandelt, der Anbau von Hanf für die Taue, der Holzbedarf, die Ausbildung von Navigationsoffizieren, die Herstellung von Dauernahrung, der Bau von Instrumenten, die Gewinnung von Teer und so fort bis zur Frage, wie das zur Vergoldung der Galionsfiguren nötige Material am billigsten zu gewinnen sei. Bei der Ausführung dieses Programms kommt es ihm darauf an, den Schiffbau vollständig mit einheimischem Material zu betreiben. Schon 1671 richtet er an seinen Sohn, der als sein künftiger Nachfolger im Marineministerium neben ihm als Unterstaatssekretär arbeitet, einen Überblick über diejenigen Materialien, die Frankreich nunmehr selbst herstellt, nämlich Teer und Pech, Holz, gußeiserne Anker, Hanf und andere Fasern, Kanonenkugeln, Geschütze, von denen Frankreich jetzt vierhundert Stück im Jahr gießt, Handwaffen, Werkzeug, Schmiedekohle und Leinen. Auch an den Bauten selbst nimmt Colbert tätigen Anteil, ohne jedoch den Typ der Galeere, den er erbittert bekämpft, abschaffen zu können. Für die Segelflotte, die einen ungeheuren Aufschwung nimmt, erhebt sich die Schwierigkeit, Besatzungen zu finden. Für alle Seeleute und Fischer an der Küste wird ein

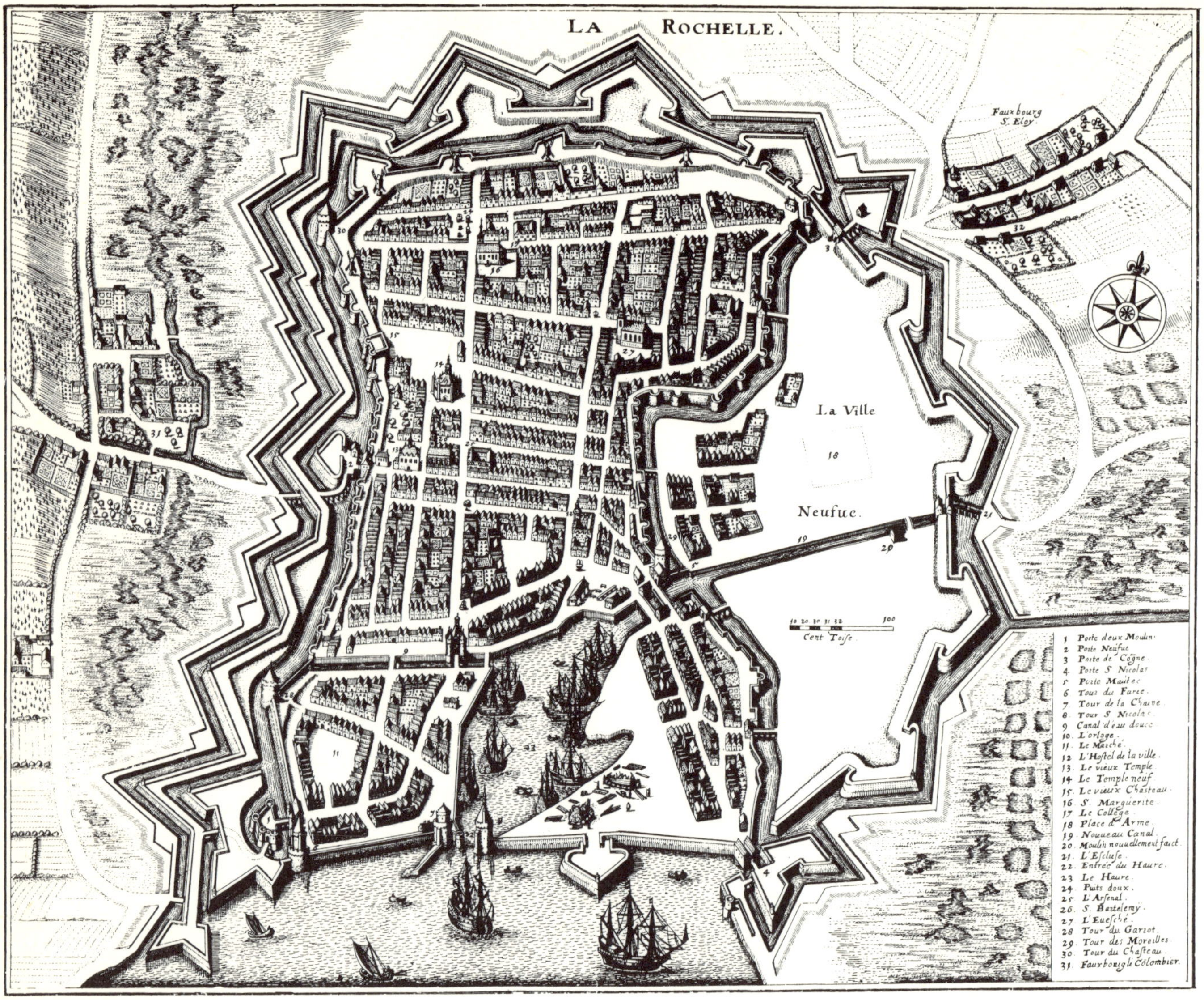

Plan von La Rochelle

Pflichtdienst eingeführt, sie werden nach Jahrgängen eingeschrieben, um ihre Einberufung zu ermöglichen. Dieses System, die Eintragung in Marinelisten, hat sich bis in die jüngste Zeit erhalten, ebenso die von Colbert geschaffene Kasse für arbeitsunfähig gewordene Seeleute, die älteste Pensionskasse in Frankreich.

Ansicht der Stadt und des Hafens von Marseille

Die Erfolge sind erstaunlich und wohl die sichtbarsten seiner ganzen Laufbahn. Eine Statistik des Jahres 1677 weist einen Schiffsbestand von zweihundertvierzig Einheiten auf, darunter zwölf große Linienschiffe mit siebzig bis einhundertzwanzig Kanonen. Die letzte zum Vergleich mögliche Schiffsliste stammt von

1635 und verzeichnet siebzig Einheiten. Dieser Aufschwung ist mit einem winzigen Verwaltungsapparat bewältigt worden. Der König ist entzückt, er „hat sich die Dinge nicht so vorgestellt, wie sie sind“. Aber er ist in keiner Weise zu bewegen, in einem der neuen Häfen, etwa in Brest oder Rochefort, zu erscheinen, sondern er begnügt sich damit, die Schiffsmodelle auf einem Teich zu Versailles in Gesellschaft hübscher Damen zu bewundern.

Der große Finanzmann vereinigt jetzt sämtliche Verwaltungszweige außer dem Kriegsministerium und dem Außenministerium in seiner Hand. Es fehlen nur noch die schönen Künste, für die er freilich keinen angeborenen Trieb besitzt. Trotzdem kauft er im Jahre 1664 – er kauft es, er wird nicht ernannt! – das Amt eines „Oberintendanten der königlichen Bauten“, worunter nicht nur die Verwaltung der Künste, sondern überhaupt die gesamte intellektuelle Leitung des Königreichs, also auch die Literatur, die Wissenschaften, die Institute und überhaupt alles, „was dem Ruhm des Königs dient“, zu verstehen ist. Für ihn sind alle diese Formen des französischen Geistes nur Mittel, um die Majestät heller leuchten zu lassen. Er faßt die Künste, die Dichtung, die Wissenschaft rein politisch auf und weist sie dann auch genau in diesem Sinne an. Zwar überschüttet er die Welt des Schönen mit großen Aufträgen, aber er wird höchst ungehalten, wenn ein Meister einmal seinem eigenen Traum nachgeht, anstatt dem „Ruhm des Königs“ zu dienen. Über die Männer, die Versailles und seinen Park bauen und ausschmücken, kann der große Mann sich jedenfalls nicht beklagen, denn sie dienen der Majestät mit einer Hingabe, die er als Finanzminister täglich zu spüren bekommt, und das zwanzig Jahre lang. Wenn man nun hinzufügt, daß Colbert in den letzten Jahren seines Lebens auch noch die innere Verwaltung reformiert und als erster die Zivil- und Strafgesetze kodifiziert, daß er die Anfänge eines Handelsrechts und eines Seerechts schafft und schließlich das Polizeiwesen in Paris völlig umgestaltet, so bleibt schließlich nichts mehr als die Frage, was von all dieser ungeheuren Tätigkeit geblieben ist, für Colbert und für Frankreich.

Was bleibt?

Von seiner Person ist wenig im allgemeinen Bewußtsein geblieben. Vom biographisch-psychologischen Standpunkt aus ist er so gut wie unbekannt. Die zahlreichen Widersprüche seines Wesens bleiben ungelöst. Dem schmeichelnden Höfling, der er sein konnte, steht der wahrheitsliebende Staatsdiener gegenüber, der den König wie einen Schüler herunterzuputzen wagte, wenn er sich durch dessen leichtfertige Verschwendung zur Verzweiflung getrieben fühlte. Er scheint uns als Vorbild des pflichttreuen Beamten, ja Bürokraten, der um fünf Uhr morgens vor seinen Akten Platz nimmt und sechs Ministerien mit einer Handvoll Mitarbeiter leitet. Aber gleichzeitig wissen wir, daß seine Habsucht keine Grenzen kannte und daß er, der als halber Bedienter des Kardinals begonnen hatte, ein Vermögen von vielen Millionen Goldfrancs hinterließ. Freunde hatte er nicht, kaum ein persönlicher Zug aus seinem Leben ist uns überliefert. Er lädt auch keineswegs zur menschlichen Teilnahme ein, mißtrauisch, verschlossen und gallig, wie er uns geschildert wird. Aber wir fühlen doch eine Art von Mitleid mit ihm, wenn der König ihn eines Morgens beim Vortrag wegen seiner nachlässigen Kleidung tadelt. „Majestät", antwortet der große Mann, „ich habe die ganze Nacht damit verbracht, einen dringlichen Bericht vorzubereiten." Worauf der König ihm kühl erklärt, daß es nichts Dringlicheres als die Würde des Thrones gebe.

Sein Leben geht freudlos zu Ende, schon drei Jahre vor seinem Tode ist das Budgetgleichgewicht für immer dahin, das Defizit beträgt achtundvierzig Millionen Livres. Der König drängt und fordert immer neue Summen, sei es für die Armee, sei es für zahlreiche neue Arbeiten in Versailles, aber Colbert ringt die Hände und widersteht. Schließlich sagt der König: „Nun, wenn Sie nicht wol-

Szene aus „Der Bürger als Edelmann" von Molière

len! Ich weiß einen Mann, der das Geld beschaffen würde." Der König meint Louvois, den schlimmsten Feind Colberts. Dieser fühlt die grausame Drohung und fühlt damit auch, daß es ihm im Laufe eines langen, arbeitsamen Lebens nicht gelungen ist, sich des Königs Loyalität und Treue zu erwerben. Von diesem Augenblick an beginnt er zu sterben. In seiner Krankheit beklagt er sich über den Herrscher: „Wenn ich für Gott das getan hätte, was ich für diesen Mann da getan habe, wäre meine Seele zweimal gerettet, und nun weiß ich

Molières „Der eingebildete Kranke" in der Comédie Française

nicht, was aus mir werden wird." Bis zum letzten Augenblick wird er mit Geschäften bestürmt: „Mein Gott, will man mir denn nicht einmal Zeit lassen, zu sterben?" Bald darauf, wenige Tage nach seinem vierundsechzigsten Geburtstag, ist er tot. Die Trauer im Lande ist nicht groß. Im Gegenteil, es werden Garden aufgeboten, um Kundgebungen des Pariser Pöbels bei dem Leichenbegräbnis zu verhindern. Immerhin hat er die posthumane Genugtuung, daß die Inhaber von Schatzscheinen einen Sturm auf die Kassen des Schatzamtes unternehmen. Dieses muß seine Büros drei Tage schließen, ehe es mit den Auszahlungen beginnen kann.

Der schnelle Zusammenbruch seines Werkes nach seinem Tode hätte ihn kaum überrascht, da er den Beginn des Verfalls wenigstens für die Staatsfinanzen schon zu seinen Lebzeiten erkannt und zu bekämpfen versucht hatte. Die fast unaufhörlichen Kriege und die Ausgaben der Krone hatten ihre Wirkung nicht minder gründlich getan als die Religionsverfolgungen, die der wirtschaftlich

Jean-Baptiste Molière 1622–1673

Pierre Corneille 1606–1684

Jean Racine 1639–1699

Jean-Baptiste de Lully 1632–1687

Jean-Philippe Rameau 1683–1764

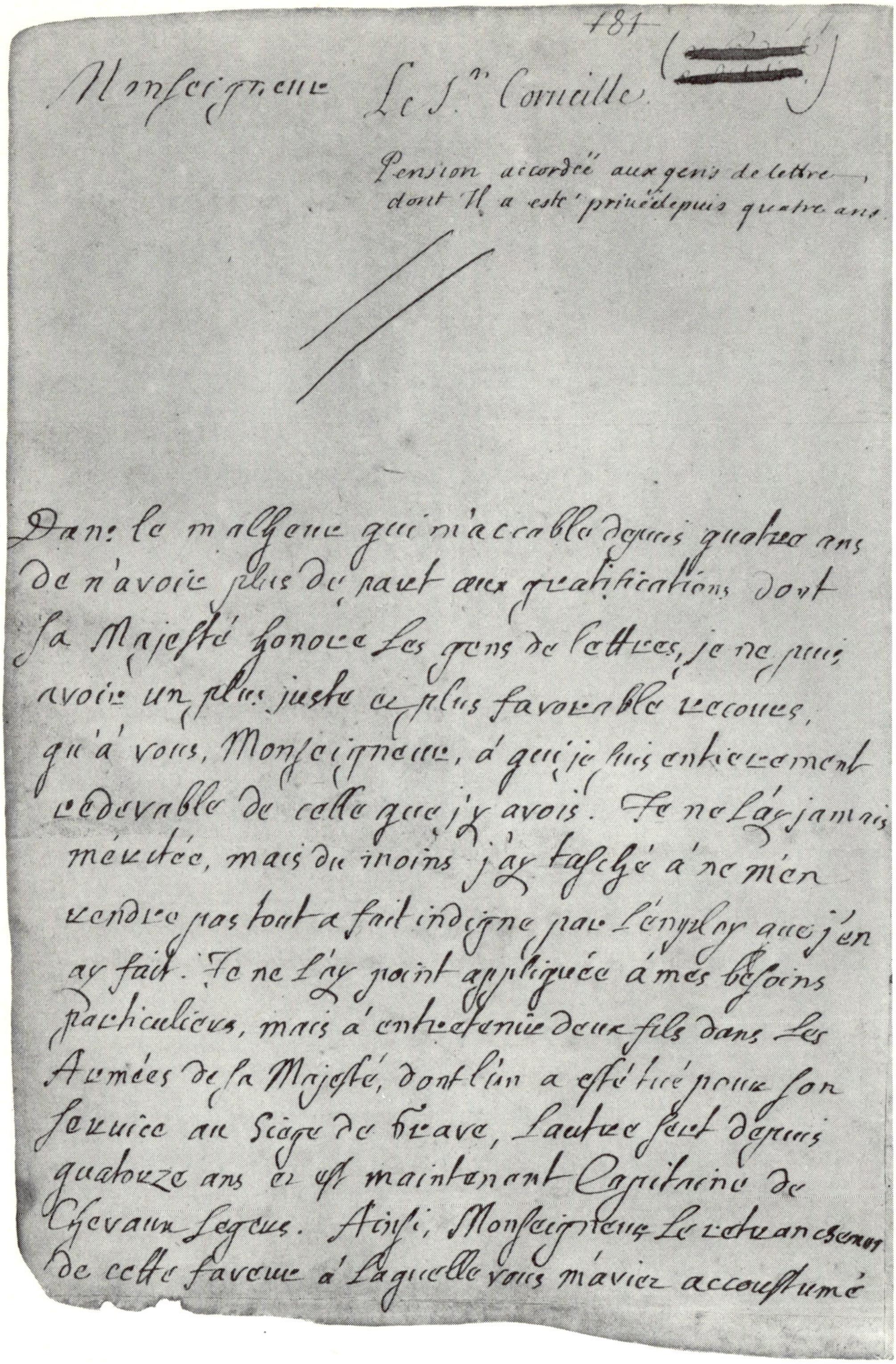
181

Monseigneur Le Sr. Corneille

Pension accordée aux gens de lettre, dont Il a esté privé depuis quatre ans

Dans le malheur qui m'accable depuis quatre ans de n'avoir plus de part aux gratifications dont sa Majesté honore les gens de lettres, je ne puis avoir un plus juste et plus favorable recours, qu'à vous, Monseigneur, à qui je suis entierement redevable de celle que j'y avois. Je ne l'ay jamais méritée, mais du moins j'ay tasché à ne m'en rendre pas tout a fait indigne par l'employ que j'en ay fait. Je ne l'ay point appliquée à mes besoins particuliers, mais à entretenir deux fils dans les Armées de sa Majesté, dont l'un a esté tué pour son service au Siège de Grave, l'autre sert depuis quatorze ans et est maintenant Capitaine de Chevaux Legers. Ainsi, Monseigneur, le retranchement de cette faveur à laquelle vous m'aviez accoustumé

Der siebzigjährige Corneille bittet Colbert um Unterstützung

führenden Schicht das Leben in Frankreich unmöglich machten. Von Reformen konnte schließlich keine Rede mehr sein, der Staat war so in der Klemme, daß dem Finanzminister jedes Mittel zur Bestreitung der laufenden Ausgaben recht sein mußte. Auf den so mühsam angestrebten Steuerausgleich konnte nicht mehr gerechnet werden. Man griff sogar zu dem verzweifelten Mittel, von reichen Steuerzahlern einmalige Pauschalsummen entgegenzunehmen, die sie lebenslänglich von jeder Steuer befreiten. Dem industriellen Teil des Colbertschen Werkes erging es kaum besser. Was erst wohldurchdachte Lenkung gewesen war, wurde allmählich geistloser Protektionismus, schikanöser Kampf gegen die Unternehmer und Arbeiter und vor allem eine Quelle endloser Vorwände für Steuern. Sobald die starke Hand Colberts erlahmte und verschwand, blieb von der Lenkung nur noch die Einmischung und von der Planung nur noch die bürokratische Behinderung übrig. Es war, als ob die französische Wirtschaft bei dem Abtreten dieses strengen Mannes aufatmend zu den alten Gewohnheiten und Schwächen zurückkehrte, die schon damals den französischen Volkscharakter ausmachten. Der Mann, der die Renten abgelehnt und den Rentenbesitz als versteckten Müßiggang bezeichnet hatte, der in den Advokaten nichts anderes als Nichtstuer erblickt hatte, ja, der sogar den Bauern mißtraut hatte, weil sie sich hinter Wind und Wetter verschanzten und nur an ihren täglichen Bedarf dächten, der so wenig lebensfrohe Mann, der immer nur vom Staate gesprochen und die Daseinsberechtigung jedes französischen Individuums an seiner Eignung für den Staat gemessen hatte, dieser Colbert war so gut wie in allen Stücken das Gegenteil des „Français Moyen" und seiner Wirtschaftsauffassung gewesen.
Die Erben seines Werkes, soweit sie nicht seine blinden Übertreiber waren, machten sich dann auch schnell von den strengen Fesseln des „Colbertismus" los, um unbeschwert in den gigantischen Staatsbankrott der folgenden Epoche hineinsegeln zu können. Der von Colbert einst gebildete „Rat für den Handel", der einige Jahrzehnte nach seinem Tode wieder zusammengerufen wurde, um der Krise Herr zu werden, legte ein unbekümmertes Bekenntnis zum „Laissez-aller" ab. So heißt es in ihrem Gutachten von den Handelskompagnien: „Sie waren vielleicht vor vierzig Jahren gut, aber heutigentags ist das Publikum aufgeklärt und gebildet genug, um von sich selbst aus Handel zu treiben." Und von Colberts geliebten Fabriken heißt es: „Wenn die Manufakturen in Frankreich

auch große Beachtung verdienen, so ist der Weinbau doch von viel größerer Bedeutung und muß überwiegen.“ Trotzdem sind diese Industrien am Leben geblieben, und man kann ohne Übertreibung sagen, daß sich der große industrielle Aufschwung Frankreichs im neunzehnten Jahrhundert im wesentlichen auf den von Colbert geschaffenen Grundlagen vollzogen hat, und dieses Verdienst kann, wenn auch mit Einschränkungen, ebenso für Frankreichs überseeische Ausdehnung gelten. Wenn seine Wirkung trotzdem beschränkt geblieben ist, wenn die Nachwelt ihn nicht als großen Staatsmann gelten läßt, so wohl deshalb, weil in seinem Werk wie in seinem Charakter der dauernde Bezug auf den lebendigen Menschen oder, wenn man will, auf das Volk fehlt. Er dachte nicht sozial, er war zu sehr Diener seines Königs, um ein Diener seines Volkes sein zu können. Der entscheidende Gedanke, den wir immer wieder suchen, taucht bei ihm so gut wie nur einmal auf. Er schrieb ihn im Jahre seines Todes in einem Bericht an den König: „Was das Wichtigste ist und worüber man am meisten nachdenken muß, das ist die sehr große Not des Volkes.“

Flugblatt gegen die Teufelsmächte Krieg und Geld

Nachwort

Diese Studie über Jean Baptiste Colbert wurde 1960 in einer einfachen, nicht illustrierten Ausgabe für die Freunde der Deutschen Verlags-Anstalt gedruckt und als Weihnachtsgabe des Verlags versandt. 100 Exemplare wurden auf Büttenpapier abgezogen, numeriert und vom Autor signiert. Für den Verkauf wurde das Buch damals nicht angeboten.

1973, neun Jahre nach dem Tod von Friedrich Sieburg, gab sein 80. Geburtstag (18. Mai) Anlaß, sich erneut auf sein Werk zu besinnen. Die Anregung, die Studie über Colbert erstmals in einer allgemein zugänglichen Ausgabe herauszubringen, griffen wir gerne auf.

Wir haben den Text unverändert gedruckt. Was wir hinzugefügt haben, sind die Abbildungen, die den historischen Hintergrund für das Wirken Colberts veranschaulichen.

Bei der Gestaltung des Bandes haben wir vor allem an die Liebhaber schöner Bücher gedacht.

Im Dezember 1973

Deutsche Verlags-Anstalt

Zeittafel

1619 29. August Jean-Baptiste Colbert in Reims geboren.
1621 Jean de Lafontaine geboren.
1622 Jean-Baptiste Poquelin, genannt Molière, geboren.
1636 Erstaufführung des „Cid“ von Pierre Corneille.
1638 Ludwig XIV. geboren.
1639 Jean Racine geboren.
1643 Ludwig XIV. wird König. Während seiner Minderjährigkeit wird die Regierung von Kardinal Jules Mazarin geleitet.
Molière gründet „Illustre Théâtre“ in Paris (1689: „Théâtre de la Comédie-Française).
1648 Westfälischer Friede. Frankreich beendet den Krieg mit Kaiser und Reich, nicht mit Spanien.
Fronde-Aufstand (Fronde: französische Adelspartei) gegen den Absolutismus Mazarins, wird 1653 nach wechselvollen Kämpfen bezwungen.
Mazarin gründet Kunstakademie in Paris.
1650 Tod von René Descartes.
1651 Colbert tritt in den Dienst von Kardinal Mazarin als Vermögensverwalter.
1658 Tod von Oliver Cromwell.
Leopold I. wird römisch-deutscher Kaiser. Frankreich schließt mit mehreren deutschen Fürsten den gegen Habsburg gerichteten ersten Rheinbund.
1659 Der Pyrenäenfrieden beendet Frankreichs Krieg mit Spanien. Politisches Übergewicht Frankreichs.
1661 Tod von Kardinal Mazarin. Ludwig XIV. übernimmt die absolute Herrschaft.
Sturz des Oberintendanten der Finanzen Nicolas Fouquet (1661 Verhaftung, 1664 Verbannung). Colbert wird Generalkontrolleur der Finanzen.
Baubeginn des Versailler Schlosses.
1662 Dünkirchen fällt an Frankreich.
Tod von Blaise Pascal.
Corneille geht nach Paris, ohne seinen früheren Ruhm wiederbeleben zu können.
1664 Beseitigung der französischen Binnenzölle, planmäßige Wirtschaftsförderung (Merkantilismus).
Gründung der Französischen Ostindischen Kompagnie.
Colbert kauft das Amt eines Oberintendanten der Königlichen Bauten.

1665 Colbert wird zusätzlich Marineminister.
Tod von Nicolas Poussin.

1667 Einführung hoher französischer Schutzzölle, hauptsächlich gegen Holland und England gerichtet.
Krieg Frankreichs gegen Spanien und die Spanischen Niederlande.

1668 Friede von Aachen: Spanien muß niederländische Grenzfestungen, darunter Lille, an Frankreich abtreten.

1669 Großer Industriebericht Colberts.

1670 Frankreich besetzt Lothringen.
Pascals „Pensées sur la religion“ erscheinen posthum.

1670–
1678 Verdoppelung der französischen Handelsflotte.

1672 Krieg Frankreichs, mit England und Schweden verbündet, gegen Holland (bis 1678).

1673 Colbert vereinheitlicht das Recht, fördert Landwirtschaft, Zünfte und staatliche Entschuldung.
Tod von Molière.

1674 Wilhelm von Oranien, seit 1672 Führer der holländischen Streitkräfte, wird Erbstatthalter der Niederlande.

1678 Friede zu Nymwegen: Frankreich erhält Südflandern, muß aber den Zolltarif von 1667 zurückziehen und Holland gegenüber auf den Einsatz von Handelskompagnien verzichten.

1679 Frankreich beginnt Teile des Elsaß zu annektieren.

1681 Besetzung Straßburgs durch französische Truppen.
Französische „Seeordnung“ regelt Handels- und Konsulatswesen.

1682 Versailles wird Königliche Residenz.
La Salle nimmt von Mississippi im Namen des Königs von Frankreich Besitz.
Tod von Claude Lorrain.

1683 6. September Colbert gestorben.
Jean-Philippe Rameau geboren.

1684 Tod von Pierre Corneille.

1685 Aufhebung des Ediktes von Nantes.

1688 Beginn des Pfälzischen Erbfolgekrieges (bis 1697).

1695 Kritik am französischen Merkantilismus durch Marschall Sébastien le Prestre de Vauban.
Tod von Jean de Lafontaine.

1697 Friede zu Rijswijk.

1699 Tod von Jean Racine.

1715 Tod Ludwigs XIV.

Verzeichnis der Abbildungen